かんたん金つくろいブック

こわれた器を
手軽に直す方法、おしえます。

指導
大野雅司　野上忠男

淡交社

はじめに

「金つくろい」をはやく始めたい方、
その言葉自体は知らなかったけれど直したい器がある方、
まずは本書に興味をもってくださり、ありがとうございます。

あらためて「金つくろい」とは、破損した陶磁器を漆で接着し、
継ぎ目に金粉を蒔いて飾る修繕法です。金継ぎともいいます。
ふとした拍子に破損してしまった愛着ある器をよみがえらせる、
そんなときに使えるのが、日本に古くから伝わるこの修繕法です。

でも、金や漆の扱いはむずかしそうだし、
かといって専門家に頼むのも費用がかさみそう……。
そんな「プロが手間暇かけて行うもの」という印象の強い「金つくろい」が、
もし、素人にも手軽に行えるとしたら……？

本書は、誰もが気軽に出来るように、
扱いやすい材を使用する金つくろいの技を紹介した、
初心者にうれしい実習の入門書です。

割れた器にふたたび命を吹き込み、つくろいの跡を新たな表情として愛でる。
遊び心とおおらかさに満ちた、そんな先人の粋な感性の「いいとこ取り」をして、
日々のくらしをちょっぴり彩る手助けとなれば幸せです。

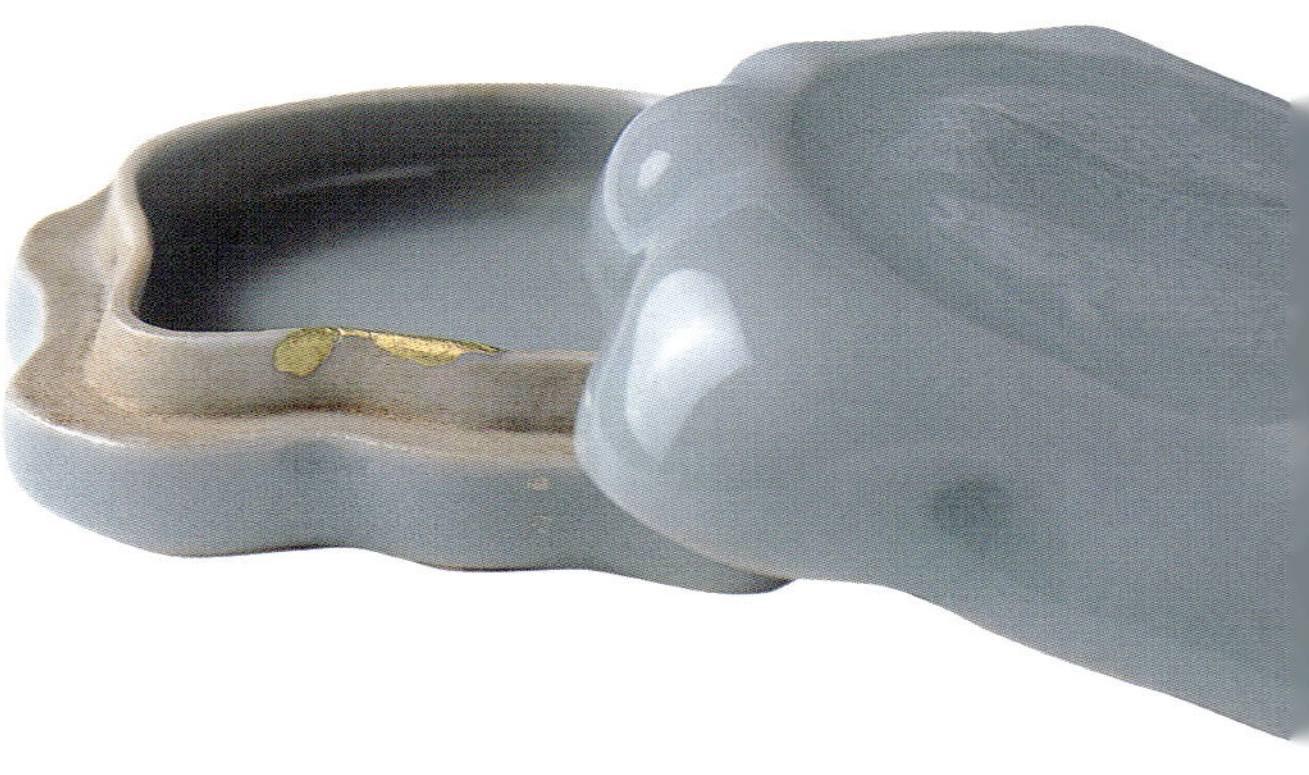

PART 2

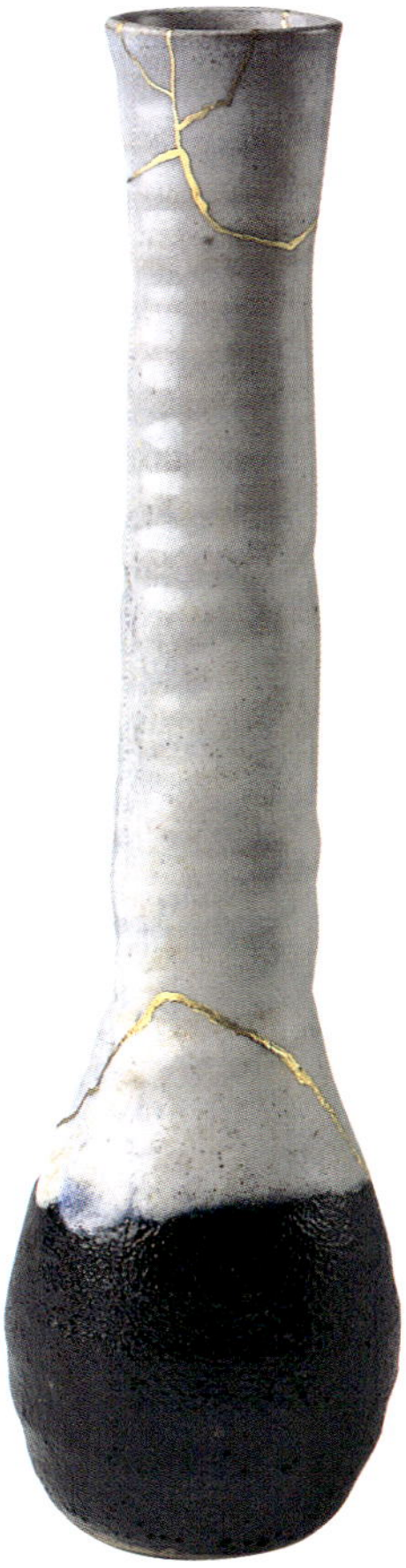

●本書は、平成13年刊『やさしい金つくろい入門』の新装改訂版です。

PART 1

自分で出来る お手軽金つくろい

指導 大野雅司

金つくろいの伝統的な修繕法は、天然素材である漆で接着し、
漆を固め、仕上げにまた漆を塗って金粉を打つものです（「パート2」参照）。
これらの作業には、高度な技術と修練が必要な上に、長い時間もかかります。
さらに、「漆かぶれ」というやっかいな心配もあります（53頁）。

そこで考え出された新しい方法が、
大変使い勝手の良い「ふぐ印新うるし」という材料（10頁）と、
市販の接着剤を使う方法です。
こんなワザが自在に駆使できれば、
眠っていた器たちは簡単に、立派によみがえります。

大切な器が欠けたり割れたりしても、決してあきらめないで！

本項では、自分の手で出来る金つくろいの手法を中心に紹介します。

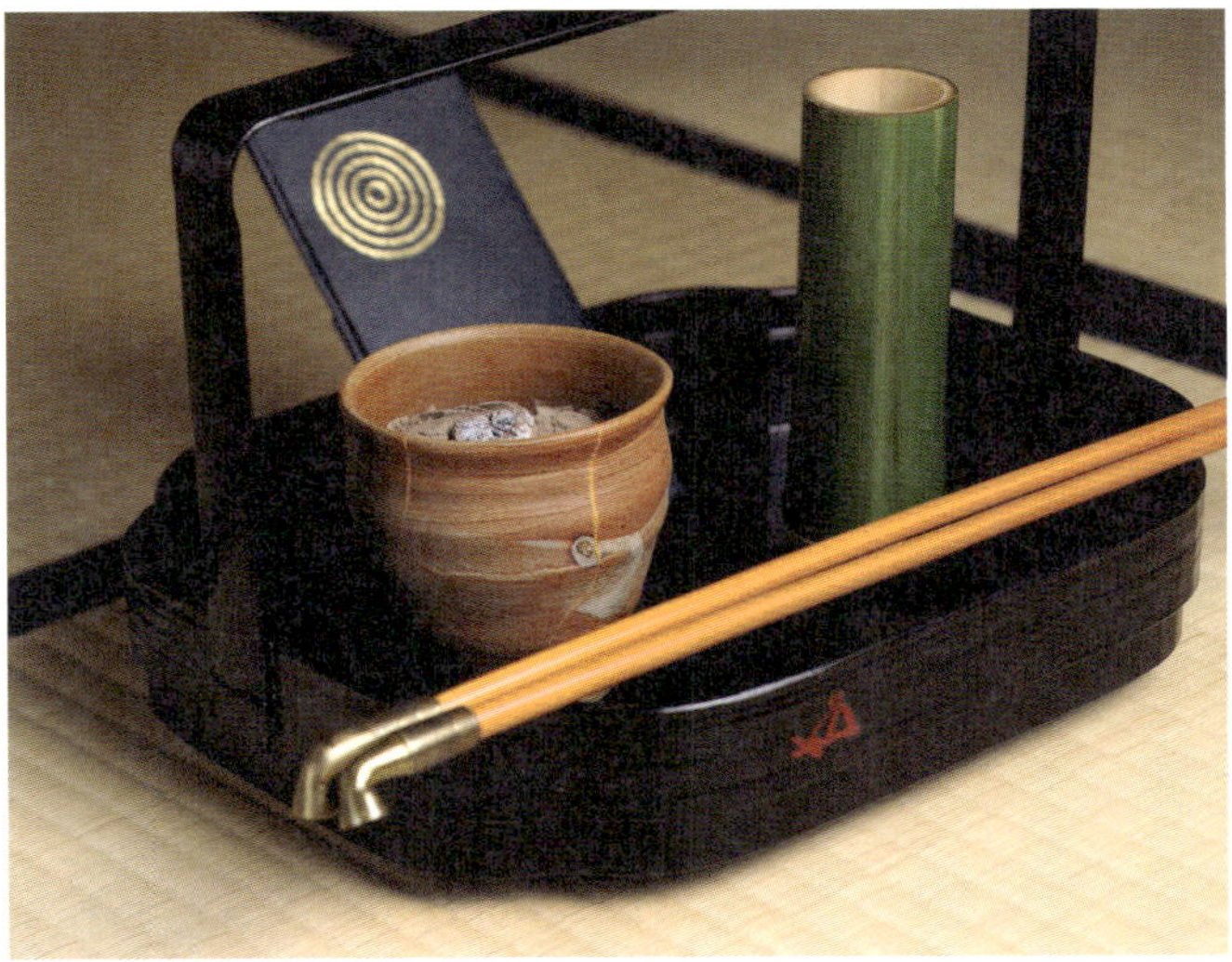

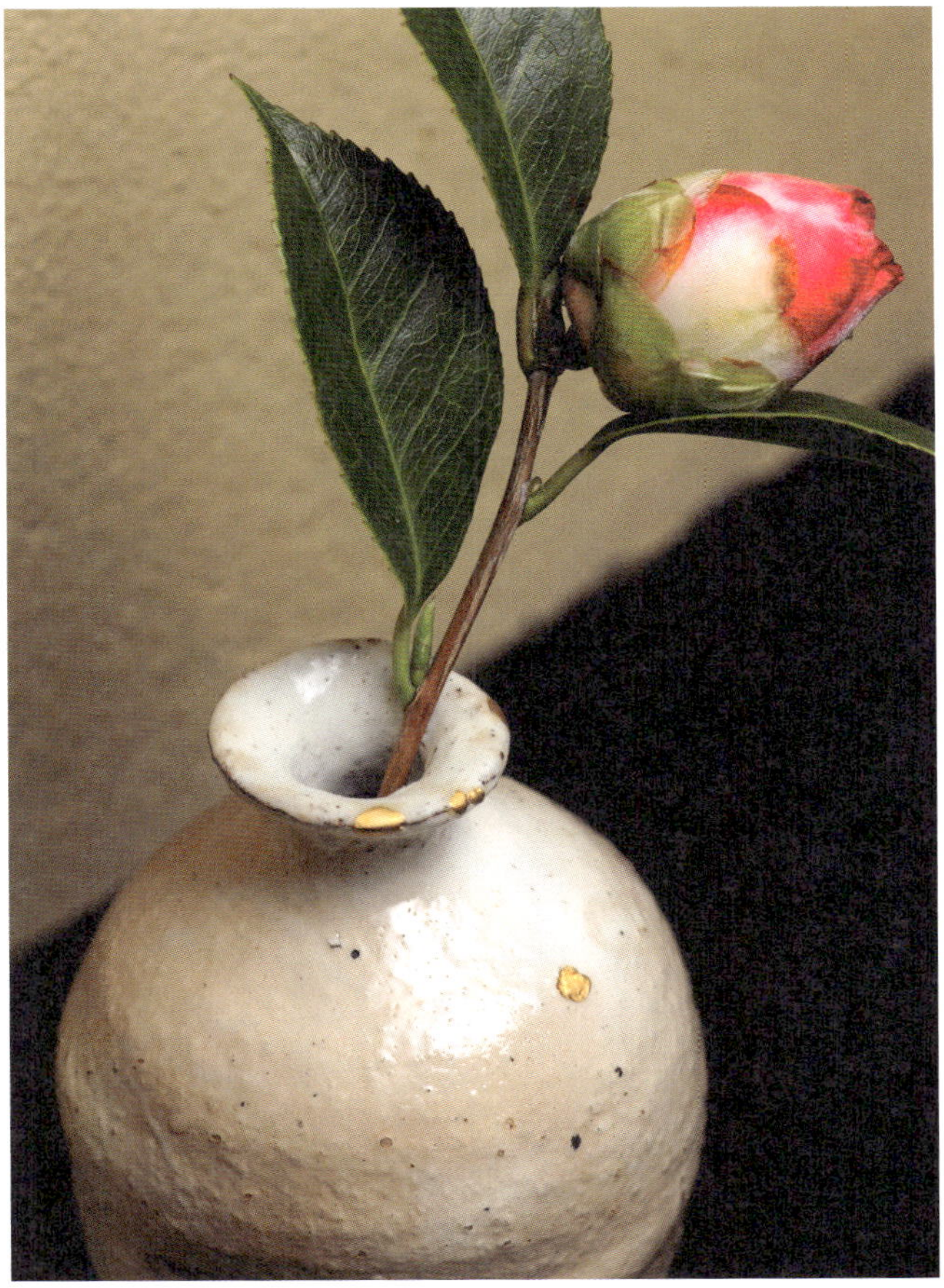

注意！

「新うるし」と接着剤は、どちらも本来「食器に使用される」ことを想定してつくられたものではありません（10～11頁参照）。気になる方は、修復した部分に、直接口に入る物が触れるような使用法は控えたほうが良いでしょう。

食器などに使用し、万一何らかの問題が発生した場合も、本書の発行元・製品の製造元ともに責任は負いかねることをご了承ください。

食器の修復は、天然素材である本漆を使用する方法（パート2）をご参照ください。

破損状況別にみる修繕のしかた

金つくろいでは、対象となる器の破損状況をまず見きわめてから、使用する漆やパテの種類、技術を決定します。

まずはそれぞれの破損状況の呼称と、その修繕がどういう段取りで行われるのかを見て、あなたの器の状態がどれに当てはまるのか、確認しておきましょう。

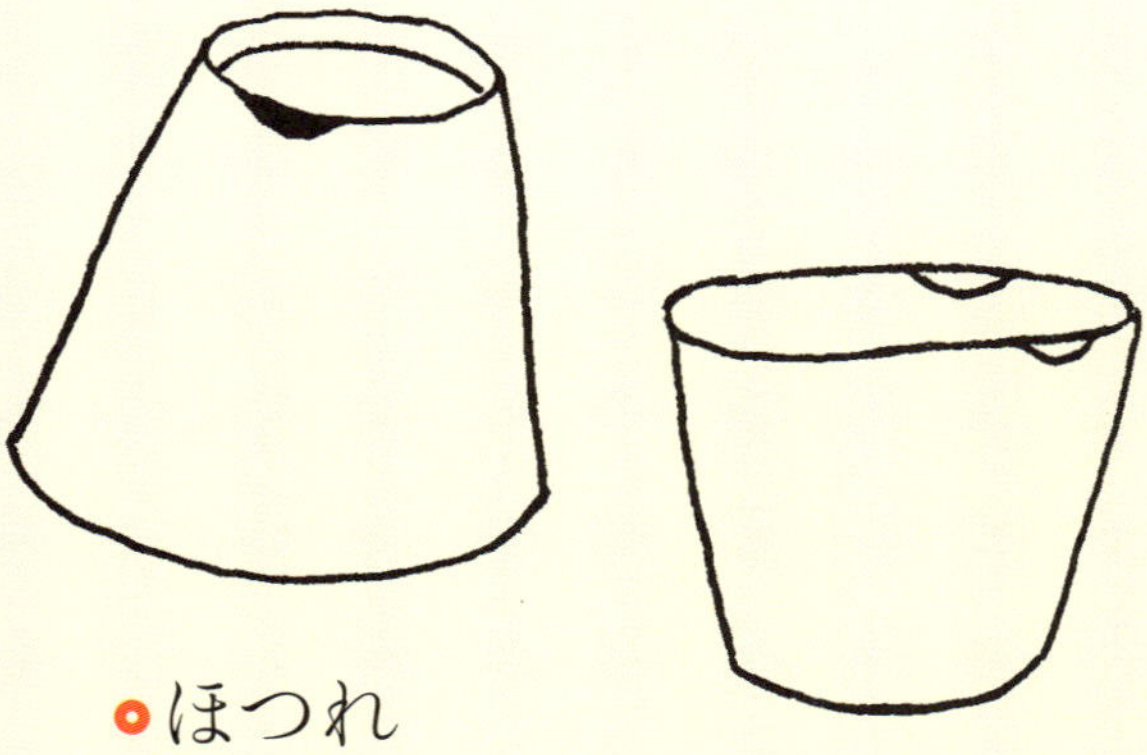

ほつれ

欠けらが見つからないほどの小さな欠損部のこと。
口縁や底部などに多く見られます。
修繕には、欠けた部分をパテで補い、
その上から漆・金でコーティングして仕上げます。
→ 28頁

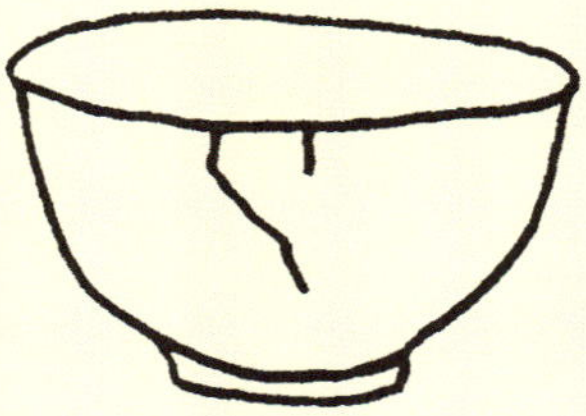

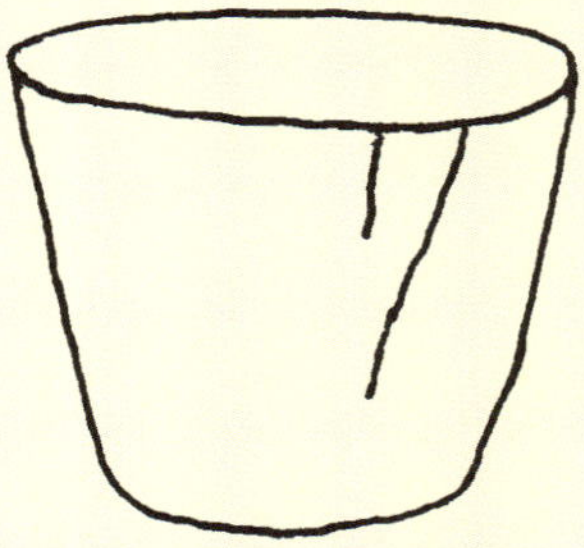

にゅう

器の表面に入った
わずかなひび割れのこと。
ひびの上から
漆・金でコーティングして仕上げます。
→ 30頁

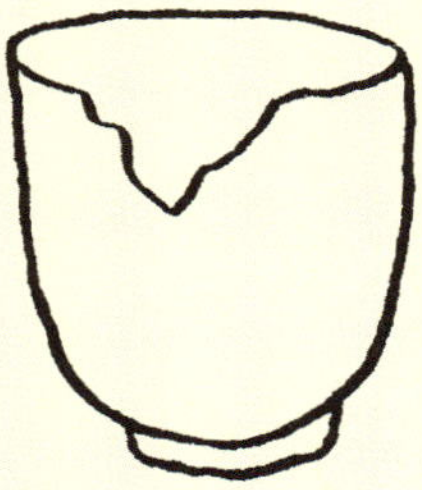

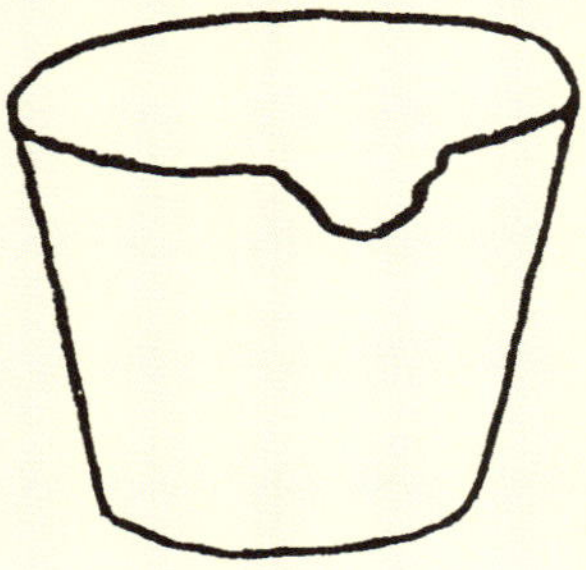

欠け

大きな欠損部で、欠けらも見つからないもの。
これも、欠けた部分をパテで補い、
その上から漆・金でコーティングして仕上げます。
→ 19、22、32頁

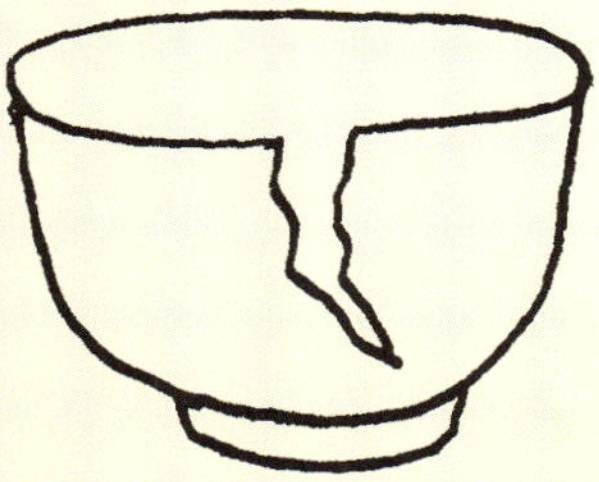

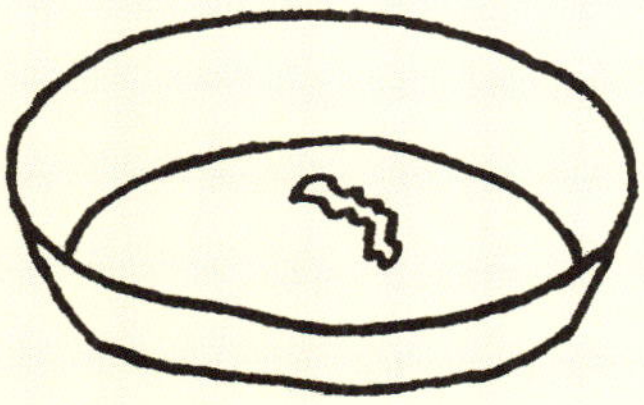

ひび割れ（窯きず）

割れ口の大きなひび割れのこと。
焼成中の窯の中で亀裂が入り、
そのまま焼き上がったものの割れ口は「窯きず」といいます。
そのまま使用すると、
器の傷みや割れなど大きな問題の原因になりかねません。
ひびの上からパテを塗り、
その上に漆・金でコーティングをして仕上げます。
→ 24頁

割れ

単純に真っ二つに割れたものや、
細々と欠けらが出たものなど。
割れた破片同士をパテで接着し、
漆・金でコーティングして仕上げます。
→ 12、16、36頁

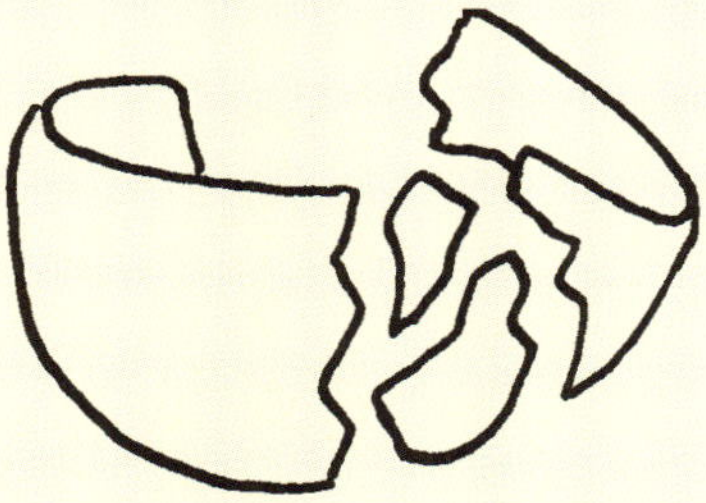

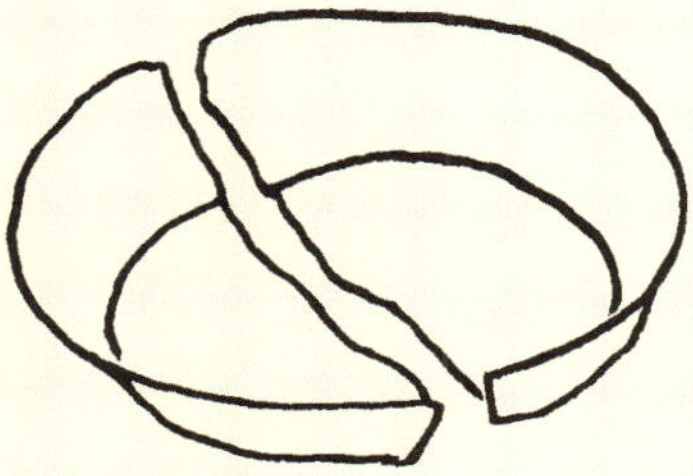

下準備

つくろいをはじめる前に、まずは器に付着している不純物や油脂分を取り除きましょう。食器用の中性洗剤を使って、割れ口は歯ブラシなどで洗い磨きます。そのうえで十分乾燥させせます。

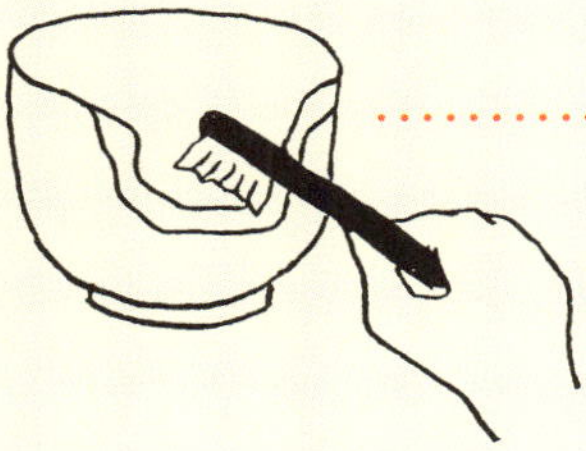

パート1で使用する主な材料・道具一覧

パート1で使用する材料には、二つの柱となるものがあります。
一つは「新うるし」。
本漆だと漆かぶれの心配がありますが、新うるしならその心配はほぼ無用です。
また、本漆とちがってすぐに乾きます。
もう一つは接着剤。
乾燥が早く丈夫で、手に扱いやすい粘土タイプのものです。
速乾性と遅乾性があり、どちらも簡単に扱えます。
この二つのすぐれた素材により、
誰でも気軽に行えるよう配慮したのが、パート1で紹介する金つくろいです。
ただし、使用にあたっては各材料の注意点をよくご確認ください。
溶剤などを扱いますので、作業中は換気に注意してください。

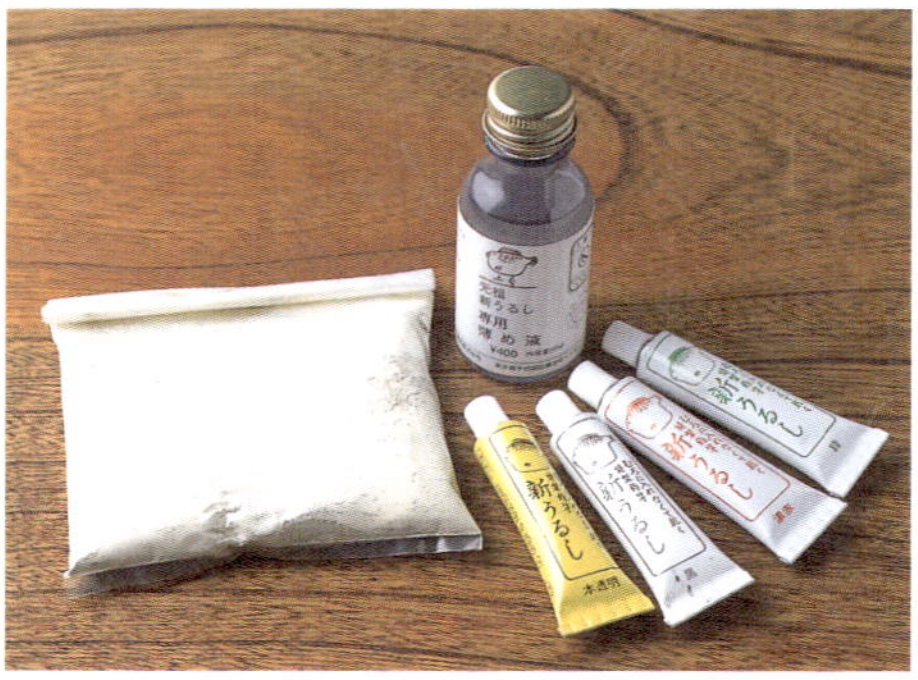

新うるし

ふぐ印新うるし（写真右・チューブ）

本来は釣り竿の塗装や補修に使われる、自然乾燥ですぐに乾き、かぶれが起こりにくいうえ、本物の漆に匹敵する仕上がりの、すぐれものの合成漆です。無色透明の「本透明」のほか、絵の具なみに24色が揃い、器の色によって使い分けることも可能です。

★注意！

色漆に含まれる顔料の中には、身体に有害なものもありますが、使用方法を守り、完全乾燥させた新うるしの樹脂の強度は本漆にも劣らず、しかも"部分的修繕"である金つくろいに使用された小面積の塗膜から、有害物質が溶け出すことはほとんどないと考えられます。製造元からは、「気になる方には、樹脂のみで顔料を含まない『本透明』（硬化24時間以上）を色漆の塗膜に上塗りすることを推奨しています。ただし、色漆の塗布面積が広い食器への使用は基本的にはおすすめしない」との回答を得ています。

漆薄め液（写真中央・ボトル）

新うるし専用の溶剤です。漆を細筆に取って描く時、筆のはこびが良いように、ごく少量漆に混ぜます。また、周りについた金粉や漆のはみ出しを拭き取るのにも使います。

砥《と》の粉《こ》（写真左）

粘土質の微細な粉末のこと。漆と混ぜて練り合わせ、破損部分の穴埋めをするのに使用します。

金つくろいに使用する金類

純金粉と純金消粉《けしふん》（写真右）

蒔絵と同じ要領で、漆の上に金を蒔くのに使用します。純金粉（丸粉《まるふん》）は金の光を出したい時に、消粉はおさえ気味にしたい時にと使い分けます。純金粉は鯛の牙等で研いでツヤを出しますが、消粉は真綿で軽く磨いて仕上げる程度です。なお「丸粉」とは地金をやすりで削りおろし、丸みをつけた大粒の金粉で、「消粉」とは金箔を、微粉末状にしたものです。

金箔（写真中央）

純金の金箔の切り落とし。金の加飾に用います。静電気防止のため、竹製のピンセットで扱うとよいでしょう（43頁）。

真《しん》ちゅう粉（写真左）

普段使いの器で、本金を使用しなくてもよいという場合に、代用品として用います（27頁）。

接着剤

金属のように硬化する接着剤です。陶器は破断面に空間ができ接着しづらいため、粘着性の強いパテ状の接着剤(エポキシ系)を用います。

エポキシパテ（速乾性）

二層のパテを練り合わせて使用します。約10分で硬化してしまうので、手早く作業すること。

接着パテ（極遅乾性）

クリーム状の二液を同量ずつ練り合わせて使います。乾くのに丸一日かかるので、ズレが生じやすいものなどを、ゆっくり時間をかけながら一カ所ずつ直していく場合に適します。

★注意！

この接着剤の主成分のエポキシ樹脂には若干の有害物質が含まれます。完全に硬化させた上から金や漆でコーティングし、熱湯を注がない等の注意を守れば有害物質が溶け出す可能性は低いでしょうが、製造元からは、「完全に硬化する前に溶け出した場合、皮膚に触れるとかぶれることがある。観賞用としては差し支えないが、食器として用いることはもちろん、貴金属や高価格品への使用もお断りしている」との回答を得ています。

なお、接着剤・パテの中には、厚労省の定める食品衛生法上の規格に適合している商品もあります。ただしそれらも、食器への使用が積極的に推奨されているわけではない点にはご留意ください。

また、取り扱い時には手袋の着装が推奨されています。本書では作業効率を優先し素手で扱っていますが、作業後は石けんによる手洗いなどのケアを行いましょう。

筆類・パレット（小皿）

筆は、「ほつれ」(28頁)や「にゅう」(30頁)などの微細な部分をなぞるので、細いものを中心に何種類か揃えておきます。毛の質は人工・自然どちらでもかまいません。パレットは、漆や漆薄め液を取る容器です。小皿などでも構いません。

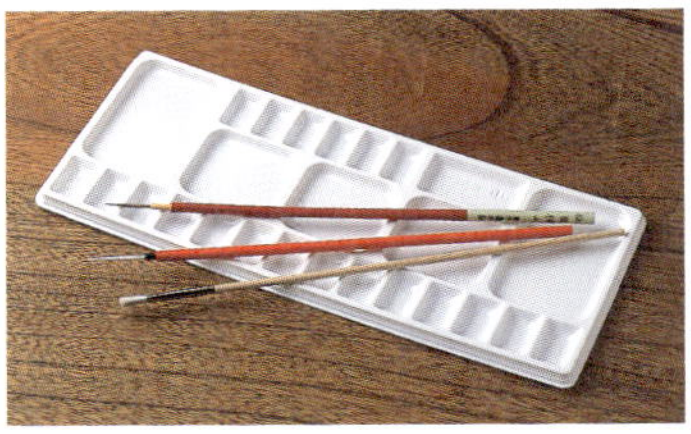

耐水ペーパー

耐水性の紙やすり。水をつけてこすりながら、パテの表面を研磨するのに用います。(400番以上＝やきものの研摩、2000番以上＝漆の研摩)

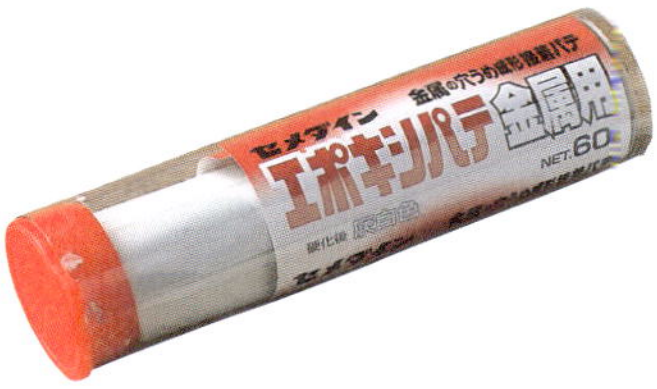

へら・カッター類

接着面のパテをならしたり、余分にはみ出たパテを削り取るのに使用します。油絵用のパレットナイフなど、数種類揃えておきましょう。

金蒔き・金磨き用具

つくろいたい箇所に金を蒔くには、真綿を丸めて真ん丸の固まりにした「たんぽ(短穂・打包／写真上左)」に金粉を含ませ、はたきます。純金粉でつくろったあと、磨いて金のツヤを出すのには鯛の牙(写真上右)が最適です。鯛の牙がない場合、「めのう」(鉱物の一種、写真右)が代用になります。大手ホームセンター等で購入可能です(76頁)。

約1cm

 ★各材料の参考価格・取扱店は、76・77頁をご参照ください。

基礎編 その❶

真ちゅうを使った、単純な割れのつくろい

それでは実際のつくろいの技を見ていきましょう。

最初に紹介するのは、金の代わりに真《しん》ちゅうを使う方法です。

真ちゅう粉は新うるしと混ぜて一緒に塗ることができ、価格も手ごろですので、手慣らしには最適です。

そしてまず扱うのは、大きく真っ二つに割れた小鉢。

細かく割れたものより直しやすく、これもはじめの一歩として最適です。

補修前に割れた断面を、歯ブラシなどでよくこすって汚れをとり（9頁）、いざ、はじめてみましょう。

P12～25の直しで準備しておくもの

材料

- ★速乾性の接着パテ
- ★ふぐ印新うるし（本透明）
- ★漆薄め液
- ★真ちゅう粉

道具

- ★へら・カッター・油絵用のパレット
- ★耐水ペーパー（320～400番）
- ★極細の筆
- ★布巾数枚
- ★容器に入れた水
- ★小皿数枚（漆を出すため）
- ★セロハンテープ（破片同士の固定に用いる）
- ★歯ブラシ
- ★スポイト
- ★綿棒

1

速乾性の接着パテを輪切りにし、指に水をつけながら、手早くこねて混ぜ合わせます。

2

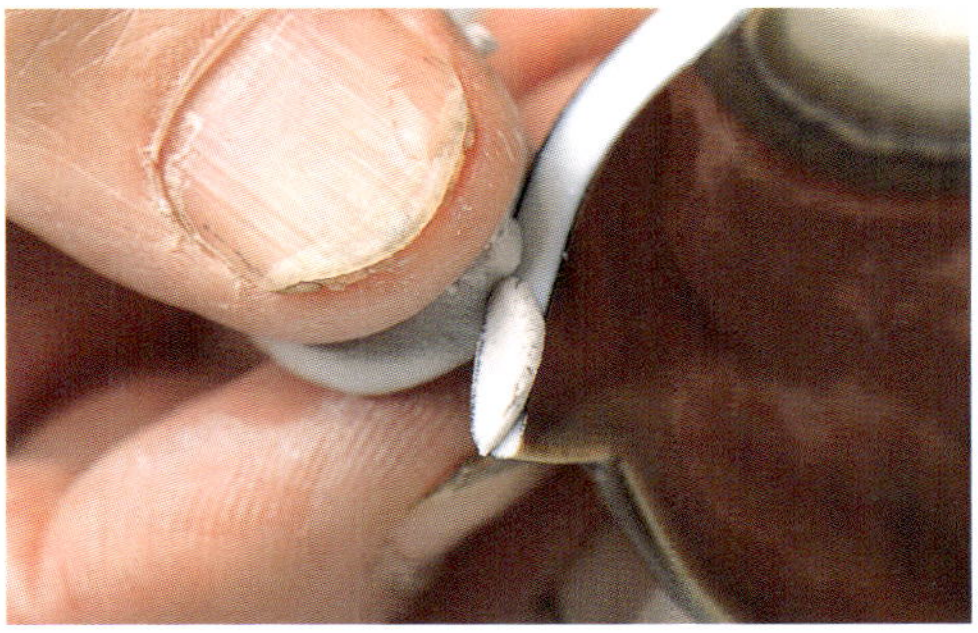

片方の断面に、接着パテを親指でなすりつけていきます。

Point
接着パテは隙間が出ないよう
多少多めに塗りますが、
多すぎるとずれの原因になり、
あとで多く削り取る必要も
生じますので適量を心がけましょう。
またなるべく均一に塗ります。

3

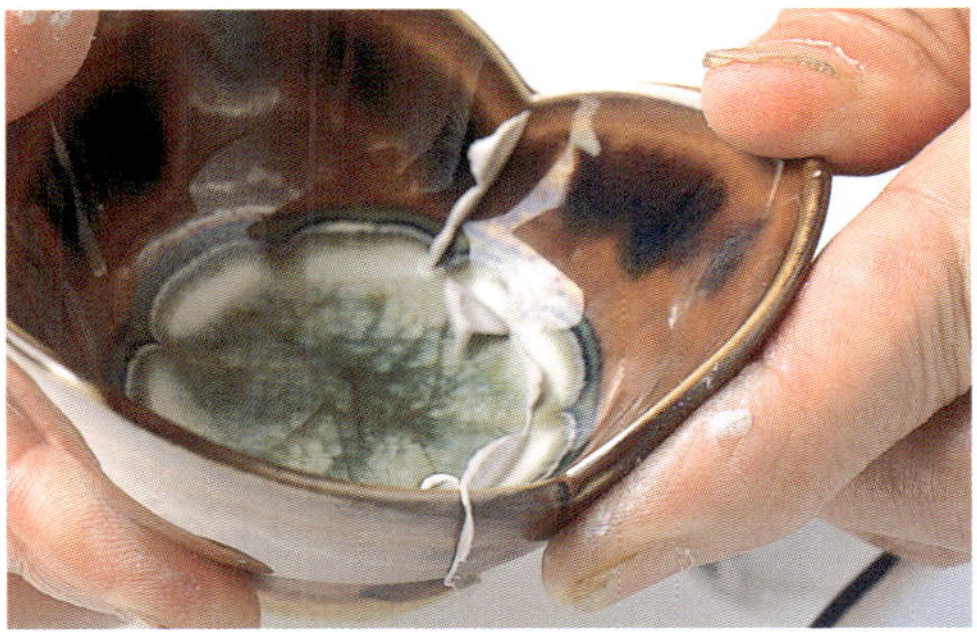

器を手に取り、断面同士を合わせます。

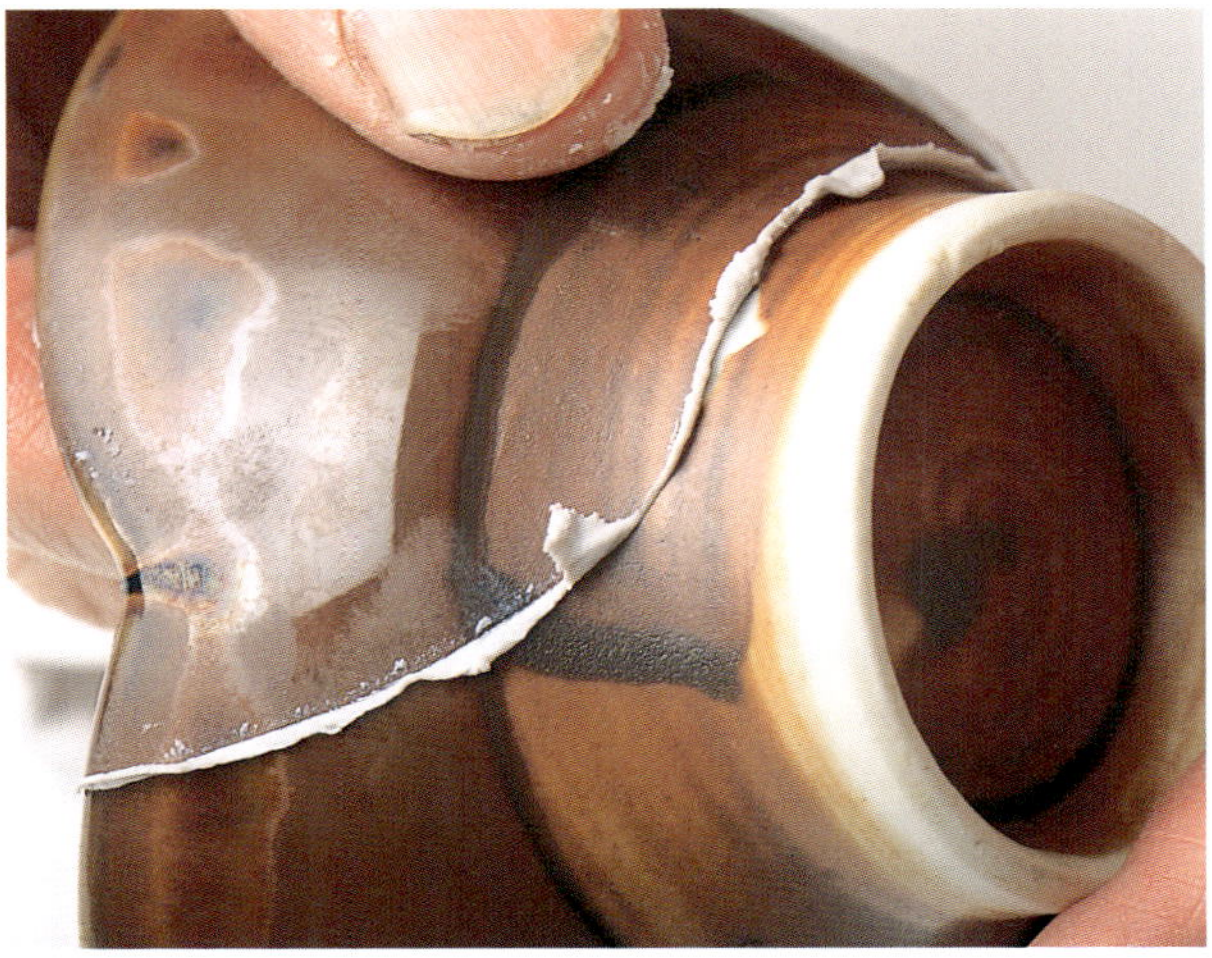

Point
接着パテを付けたら、
断面のすべてに均一な力を込めて押しつけ、
ずれないよう手早くぴったりと合わせましょう。

4

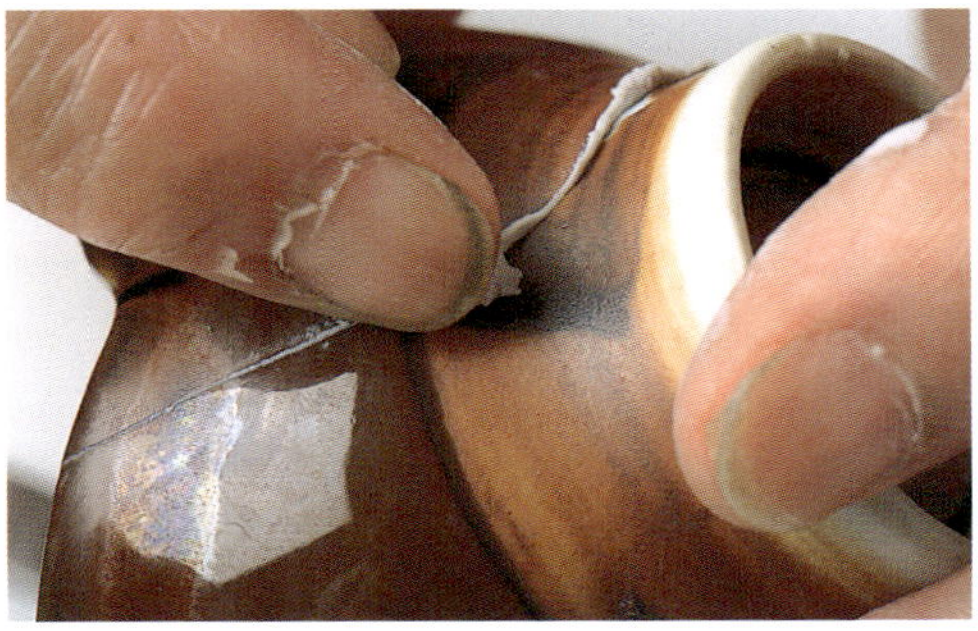

ズレがないかを確かめながら、はみ出た接着パテを指で軽くぬぐい取り、そのまま10分ほど置いて乾かします。

5

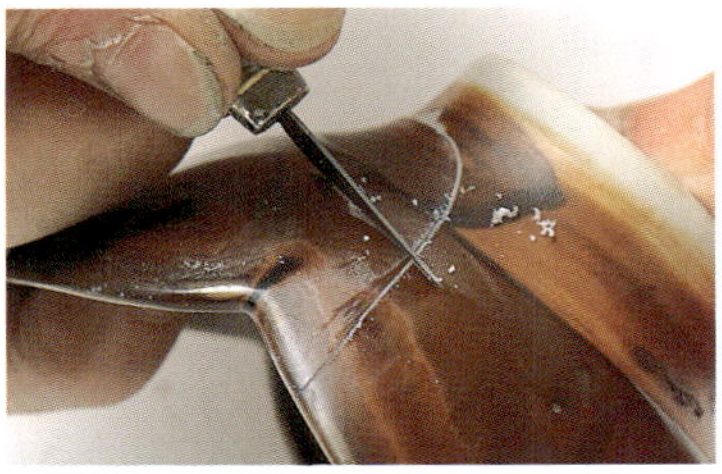

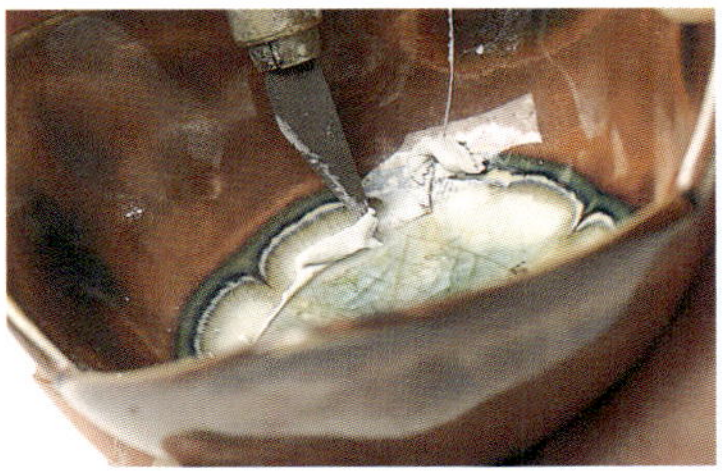

接着パテがかたまったところで、はみ出た部分をカッター等できれいに削りとります。

6

耐水ペーパー(400番)で、水をつけながら接着面を軽くこすってなめらかにします。

7

布巾でよく拭き取ってきれいにし、接着パテの隙間がないかどうか確認します。

8

隙間がある時は新しい接着パテで補てんしていきます。油絵用のパレットナイフが作業しやすいでしょう。

9

はみ出た接着パテを拭き取って均一にしておき、そのまま一昼夜置いて乾かします。

10

ふぐ印新うるし(本透明)と真ちゅう粉を、だいたい同量ずつ小皿に取ります。

11

漆薄め液をスポイト等を用いて少量ずつ加えて(1～2滴ほど)、ムラなくしっかりと混ぜ合わせます。筆の跡がスーッとついてすぐに消えていく程度が目安です。

12

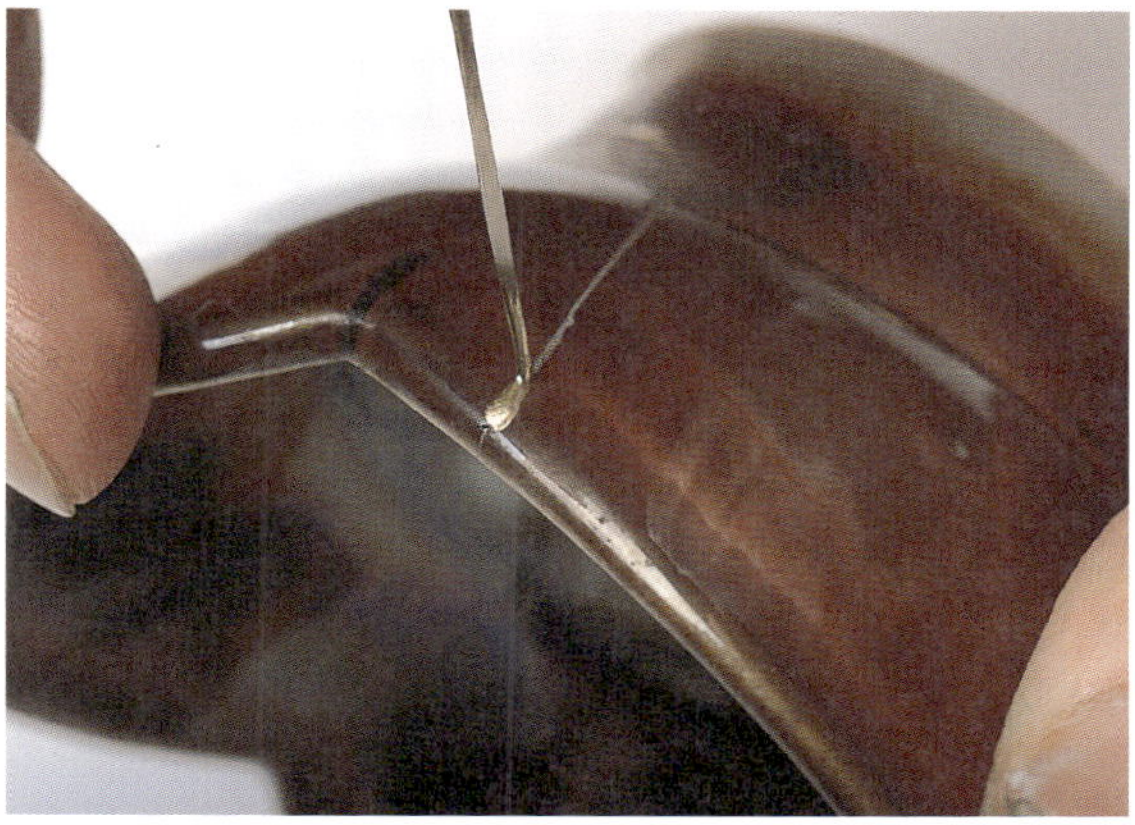

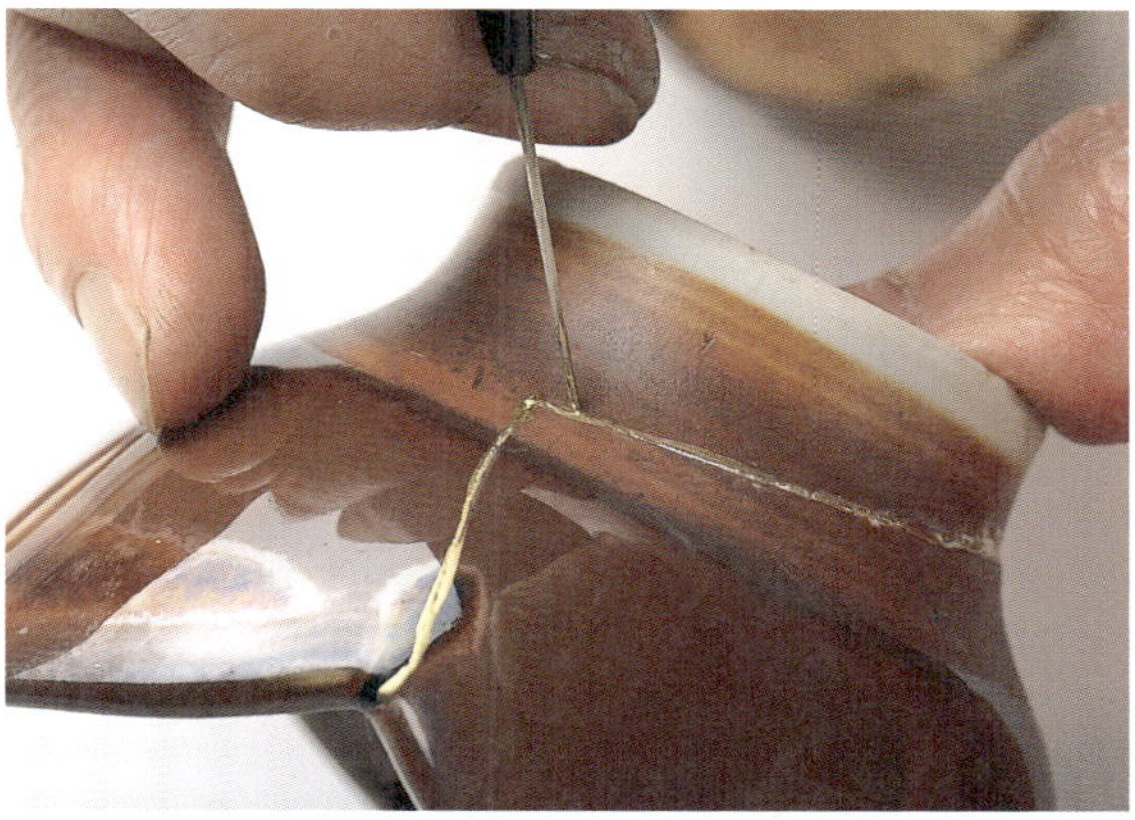

極細の筆にとり、接着面の上をゆっくり、ていねいになぞっていきます。

Point
筆はできるだけ筆の先を使って、ゆっくり一息にはこびます。
何度もなぞるのは禁物です！

13

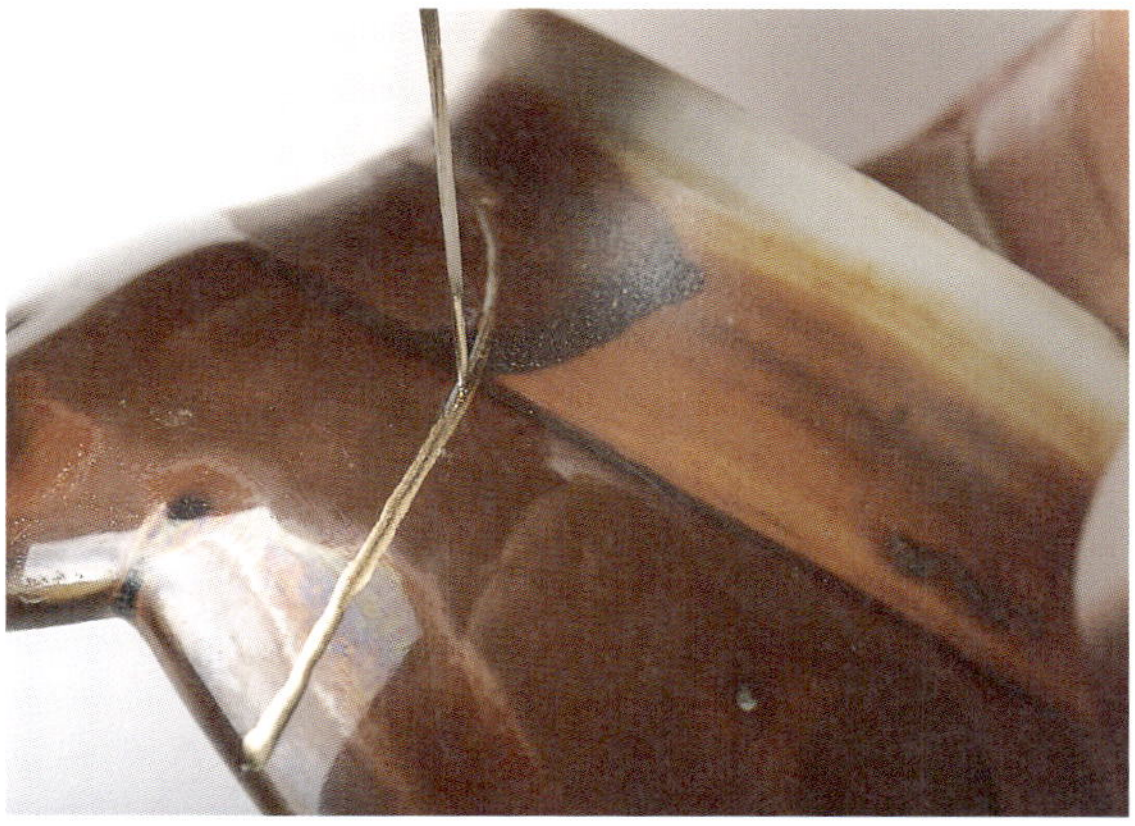

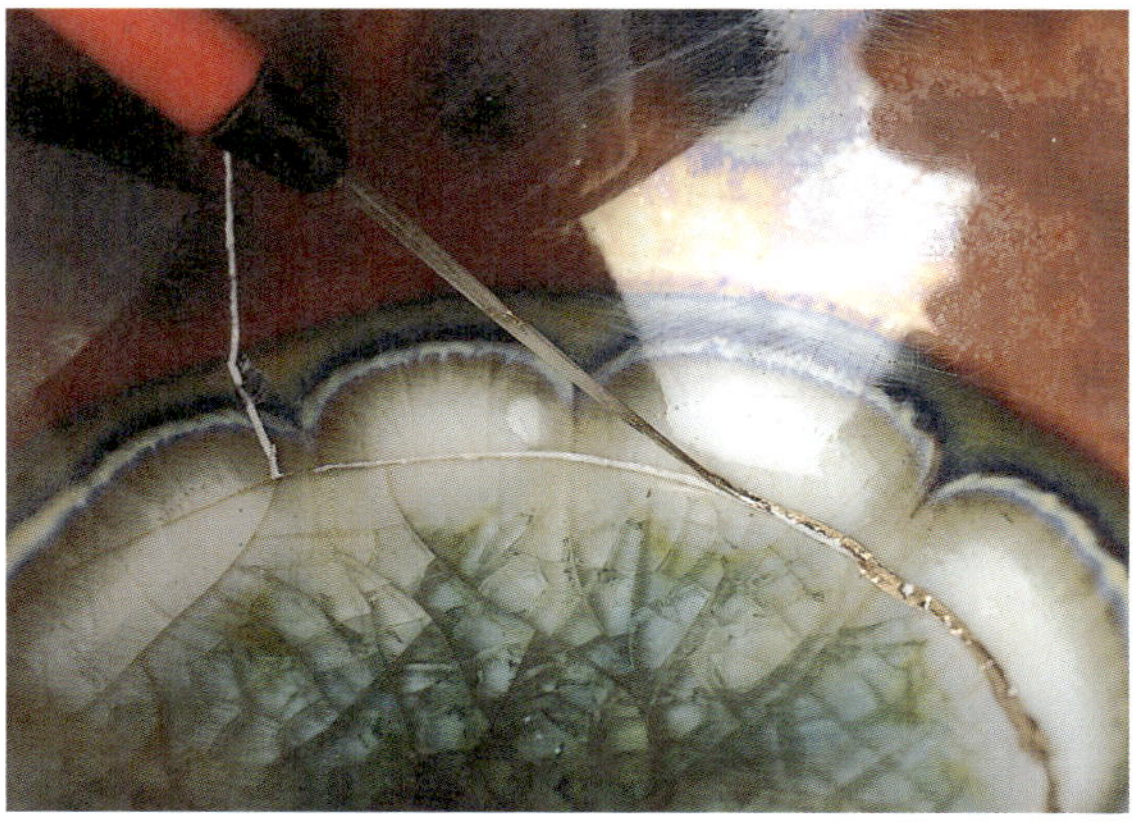

器の内側も同様に。すべての継ぎ目をなぞり終えたら、20分ほど置いて乾かします。

14

完成です。金継ぎと見まがうほどの、真ちゅうの淡い光沢が映える一品になりました。

基礎編 その2

真ちゅうを使った、複数の割れのつくろい

次に紹介するのは、破片が複数ある場合のつくろい法です。細かく割れたからといって、あきらめなくても大丈夫。細かい破片同士をくっつけ合わせ、大きな欠けらとしてから本体に接着すればOKです。

耳付きの大鉢。耳とその周辺が細かく欠けてしまいました。これを直していきましょう。断面の掃除を忘れずに！（9頁参照）

Point

接着パテをつける前に、
まずは破片同士を
仮にはめ合わせてみて、
その位置関係や割れ目の状態を
よく確認しておきましょう。

1

まずは小さい破片同士を順に接着していきます。

2

速乾性の接着パテをこね（12頁）、親指で断面になすりつけ、破片を接着します。

3

順に大きい破片と接着していき、ひとかたまりにして10分ほど乾かします。

4

続いて本体の断面に接着パテを手早くつけます。隙間のできないようたっぷりと指に取って塗り、破片と合わせます。

5

均一に力を入れしっかり押さえます。そのまま完全にかたまるまで10分ほど置きます。

Point セロハンテープ等を用いて固定しておくと、重みによるズレを防げます。

6

接着パテがかたまったところで、はみ出た部分をカッター等できれいに削り取ります。

7

隙間には、新しい接着パテで補てんしていきます。表面をなめらかにし、10分ほど置いて乾かします。

8

乾いたら、さらに表面を整えます。

9

水をかたくしぼった布できれいに拭き取ります。

10

耐水ペーパー(400番)で、水をつけながら接着面をやわらかくこすってなめらかにします。

11

ふぐ印新うるし(本透明)と真ちゅう粉を同比率で混ぜ、漆薄め液を加え混ぜます(14頁)。

12

極細の筆にとり、接着面の上をゆっくり、ていねいになぞっていきます。器の内側も同様に。すべての継ぎ目をなぞり終え、20分ほど置いて乾かしたら完成です。

基礎編 その3

真ちゅうを使った、急須の口のつくろい

急須の口は、よく破損が起きやすい箇所です。ここでは、欠けて紛失してしまった部分を、パテで補ってつくろう方法をご紹介。少し細やかな作業が必要ですが、ワンステップ上の修復の技を見ていきましょう。

1

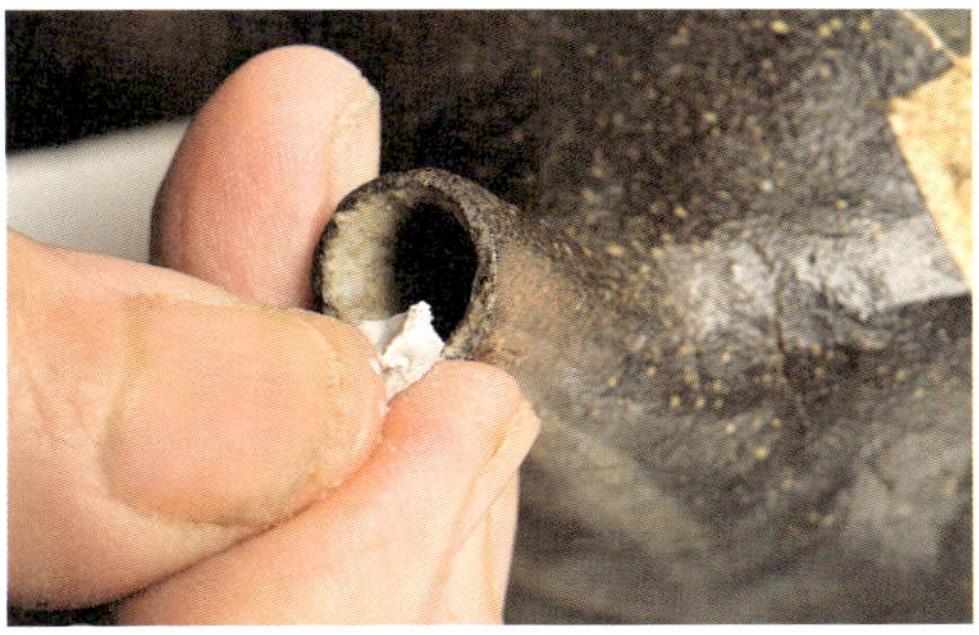

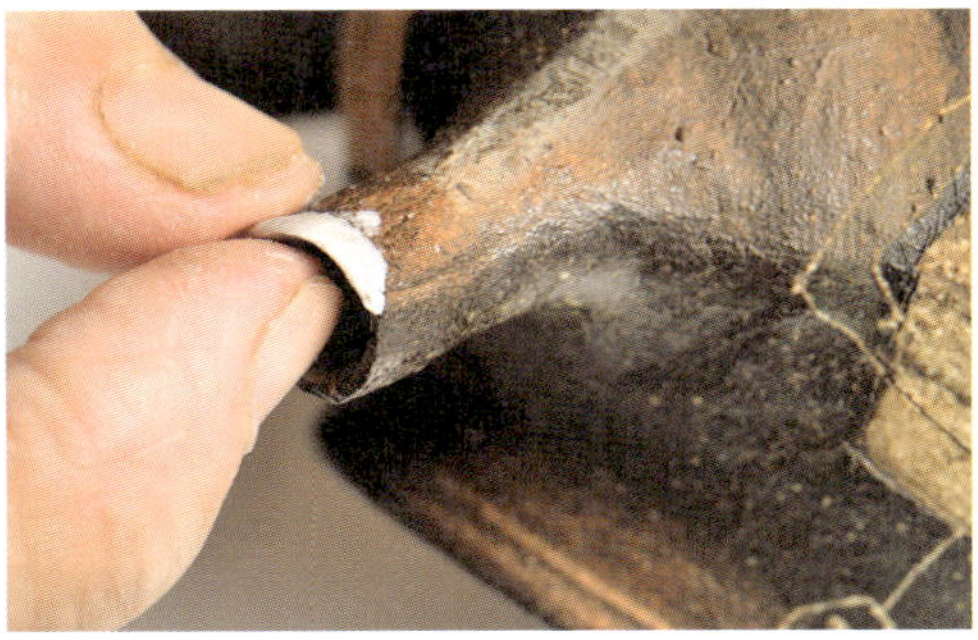

断面の掃除をすませてから(9頁)、速乾性の接着パテをこね(12頁)、欠けに合わせてくっつけ、整形していきます。

2

接着パテの内側の部分は、筆の柄を使うときれいに整えられます。ある程度整ったら、10分ほど置いて乾かします。

3

耐水ペーパー（320～400番）を用い、水をつけながらやさしく磨きます。とくに先端の部分は、本体との段差やズレが生じないようにします。

4

口の内側も磨いてなめらかにします。

Point

耐水ペーパーを丸めて口径に合わせ、口に入れて磨くと良いでしょう。
壊れやすいので、
力を入れすぎないようにしましょう。

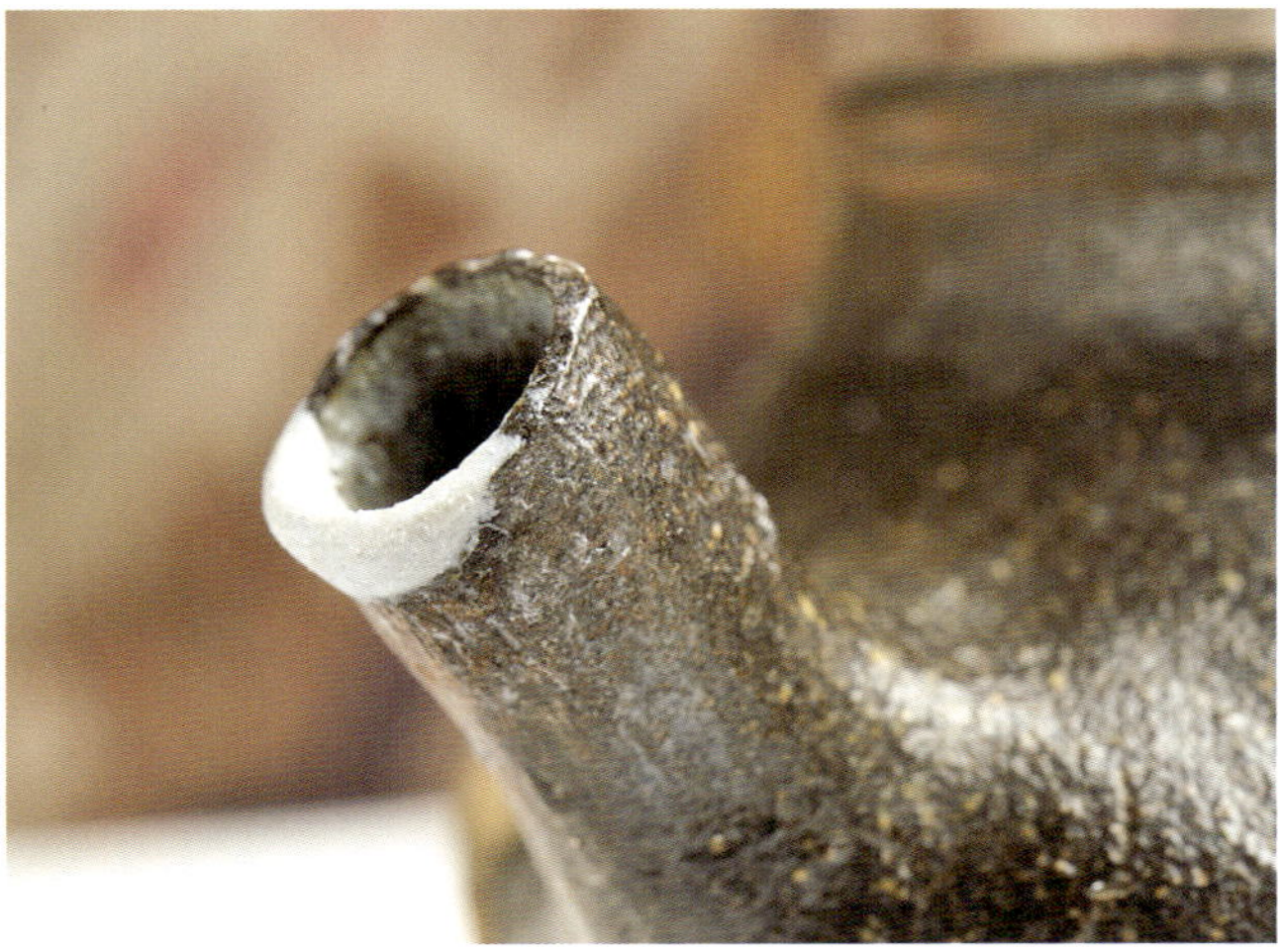

5

ふぐ印新うるし（本透明）と真ちゅう粉を同比率で混ぜ、漆薄め液を少量（スポイトで１～2滴）加えて混ぜます（14頁）。

6

筆にとり、接着パテの上をゆっくり、ていねいになぞっていきます。口の内側も同様に。そのまま20分ほど置いて乾かしたら完成です。

Point 筆は「描く」のではなく、「置く」「乗せる」イメージで運ぶと良いでしょう。

観賞用に生まれ変わった急須。花生に見立てれば、床飾りにも用いられます（77頁）。

基礎編 その4

真ちゅうを使った、欠けのつくろい

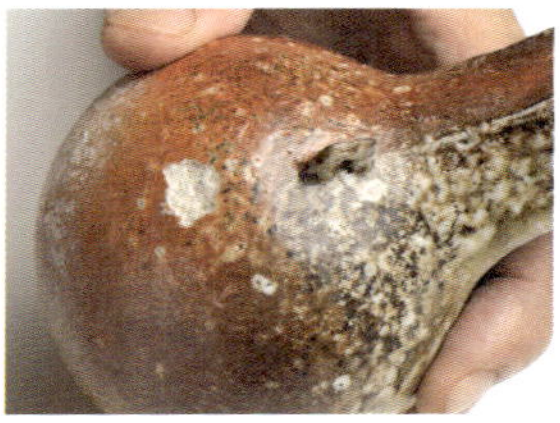

補修前の器。円状の欠けを直します。

1

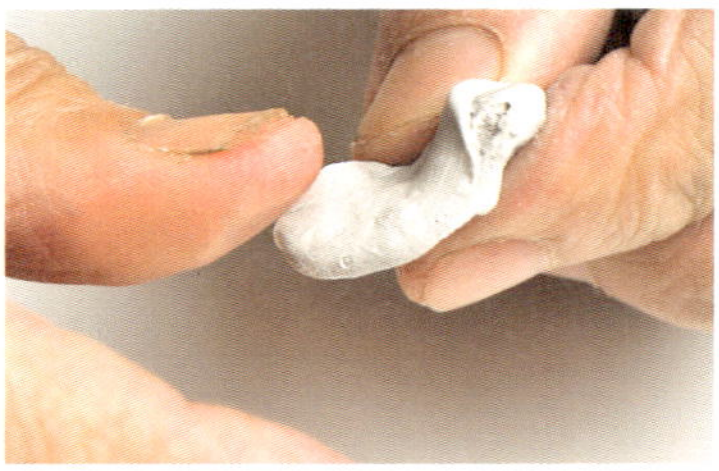

修復部の汚れをよく落としてから(9頁)、速乾性の接着パテをこね(12頁)、欠けに合わせてくっつけ、整形していきます。

2

耐水ペーパー(320〜400番)を用い、水をつけながらやさしく磨きます。本体との段差をなくします。

Point

接着パテは少し盛り上がるくらい、
多めにつけます。
ただし、あまり多すぎると
やすりがけが大変になるので、
多くつけすぎないよう注意してください。

3

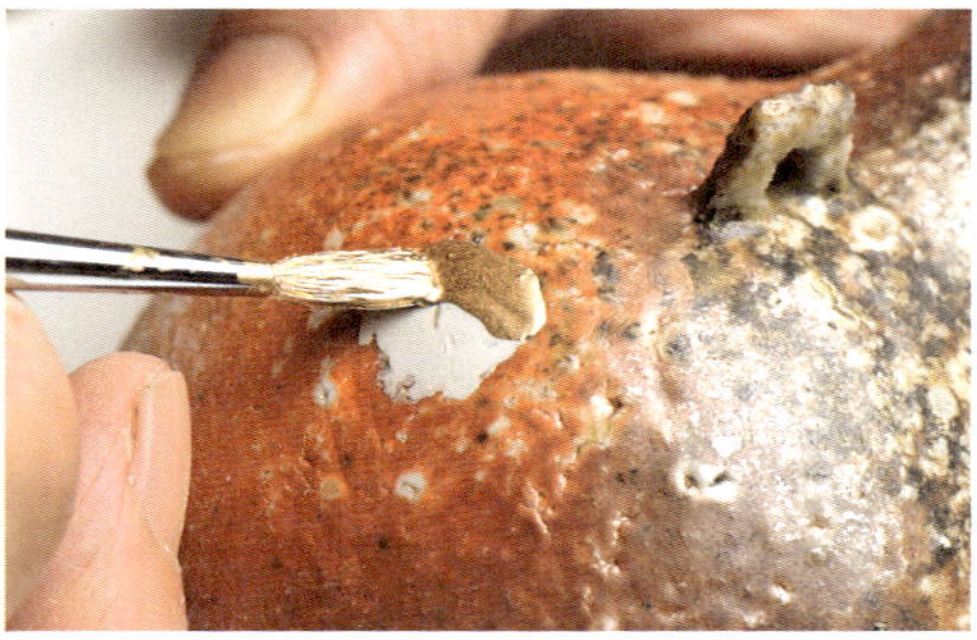

ふぐ印新うるし(本透明)と真ちゅう粉を同比率で混ぜ、漆薄め液を少量加えて混ぜます(14頁)。筆にとり、接着パテの上をゆっくり、ていねいになぞっていきます。

Point

乾いてしまうと
削り取るしか方法がなくなりますので、
できるだけ急いで拭き取りましょう。
20分以内が目安です。

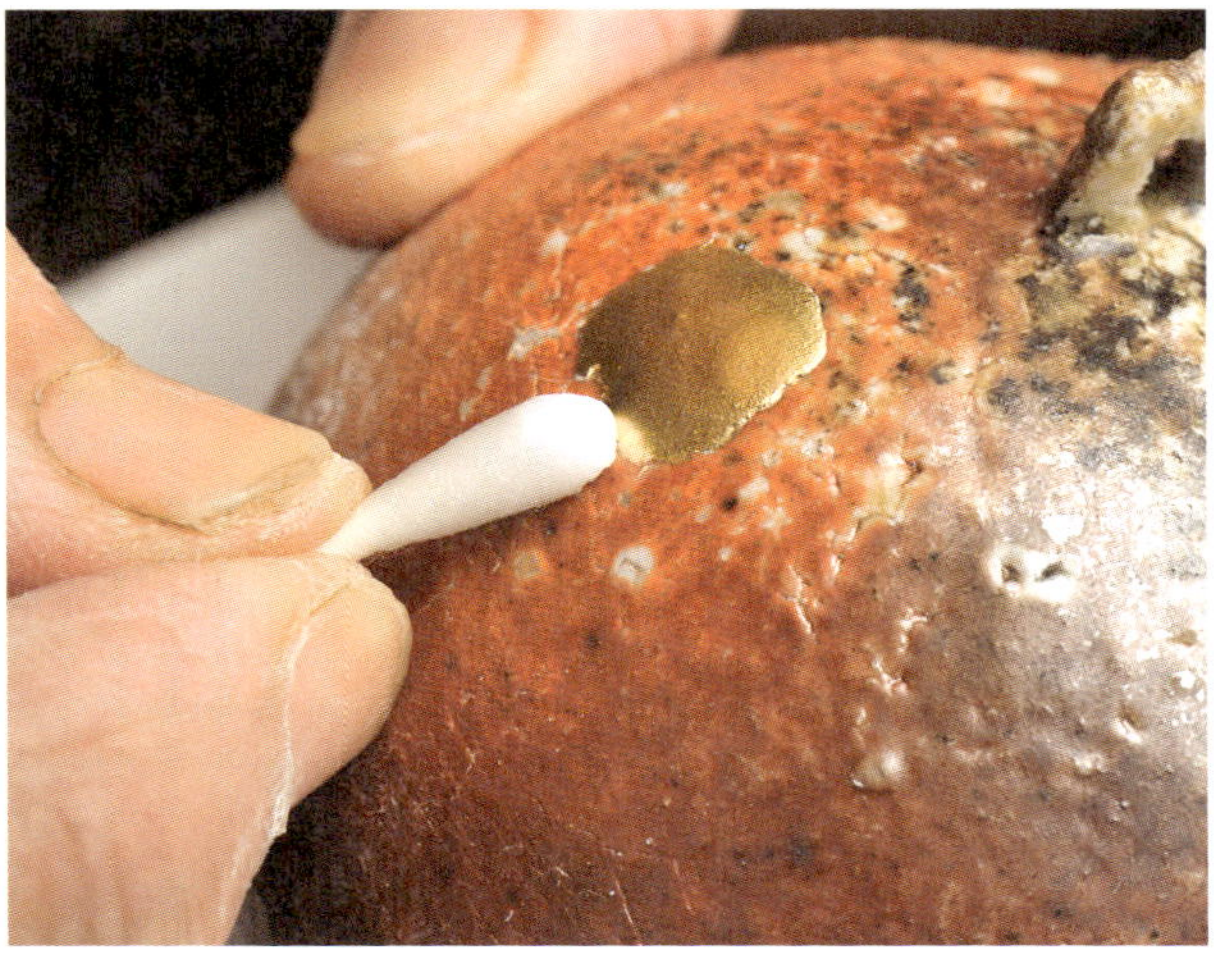

4

手もとが狂い、少しはみ出してしまいました。こういう場合の修復法を紹介します。

5

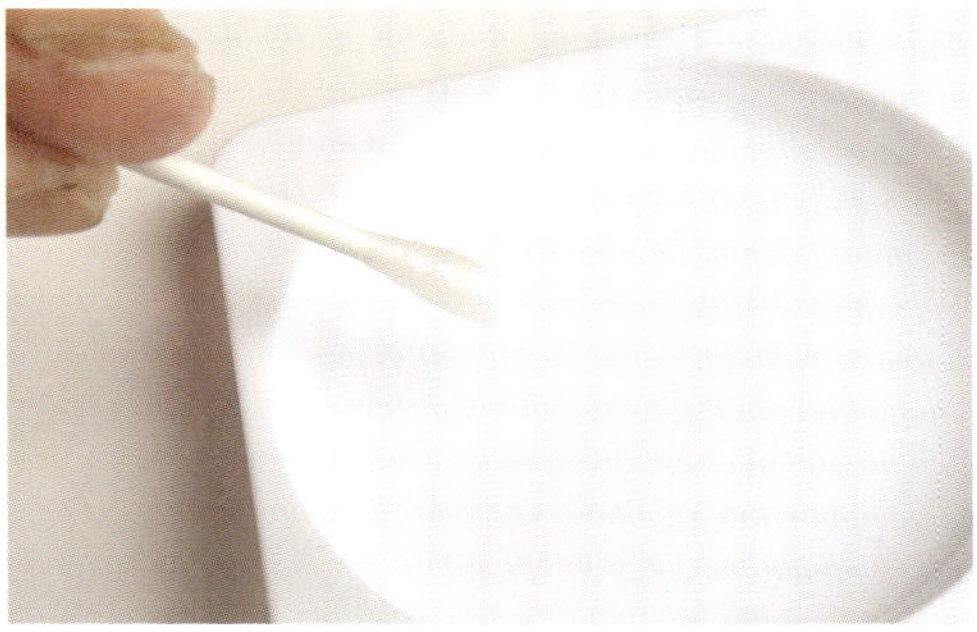

漆薄め液を綿棒に浸します。はみ出た部分に綿棒をそっと当て、ぬぐい取っていきます。

6

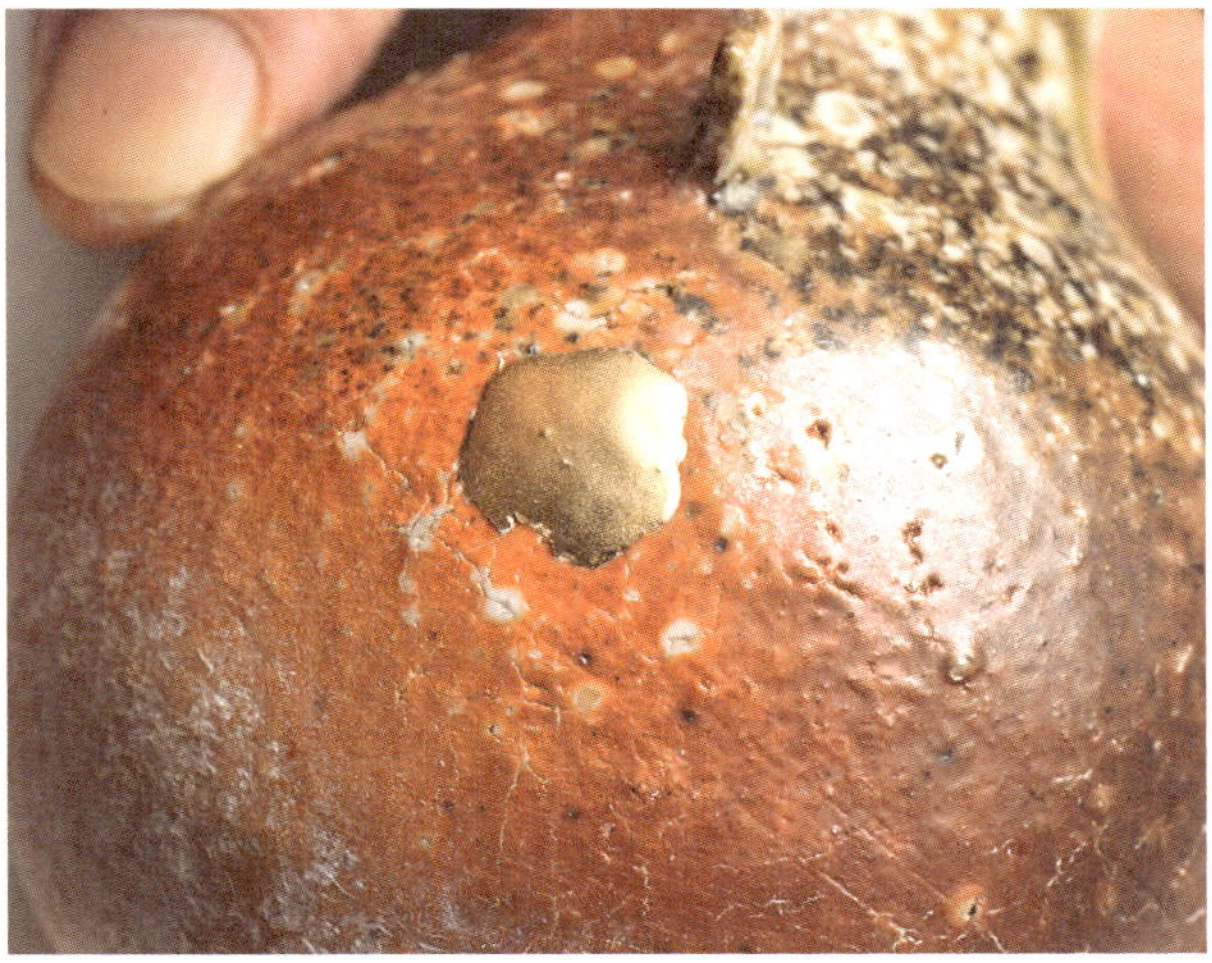

はみ出しは完全にぬぐい取りました。そのまま20分ほど置いて乾かしたら完成です。側面の景色にアクセントが加わり、よりいっそう味わい深い一品となりました。

基礎編 その5

真ちゅうを使った、ひび割れ(窯きず)のつくろい

器に入ったひびは、そこから傷が進行することもあるので、できるだけ早く直したいもの。
割れとは修復法が若干異なりますが、
これもパテと新うるしで見ちがえるほどきれいに直ります。
器に新たな表情が加わり、愛着も増すはずです。

中央部に窯きずが生じてしまった大皿。「窯きず」とは焼成時に入った亀裂を称したものです。下準備として、割れに付着したゴミや汚れはきれいに取り除いておきます。

1

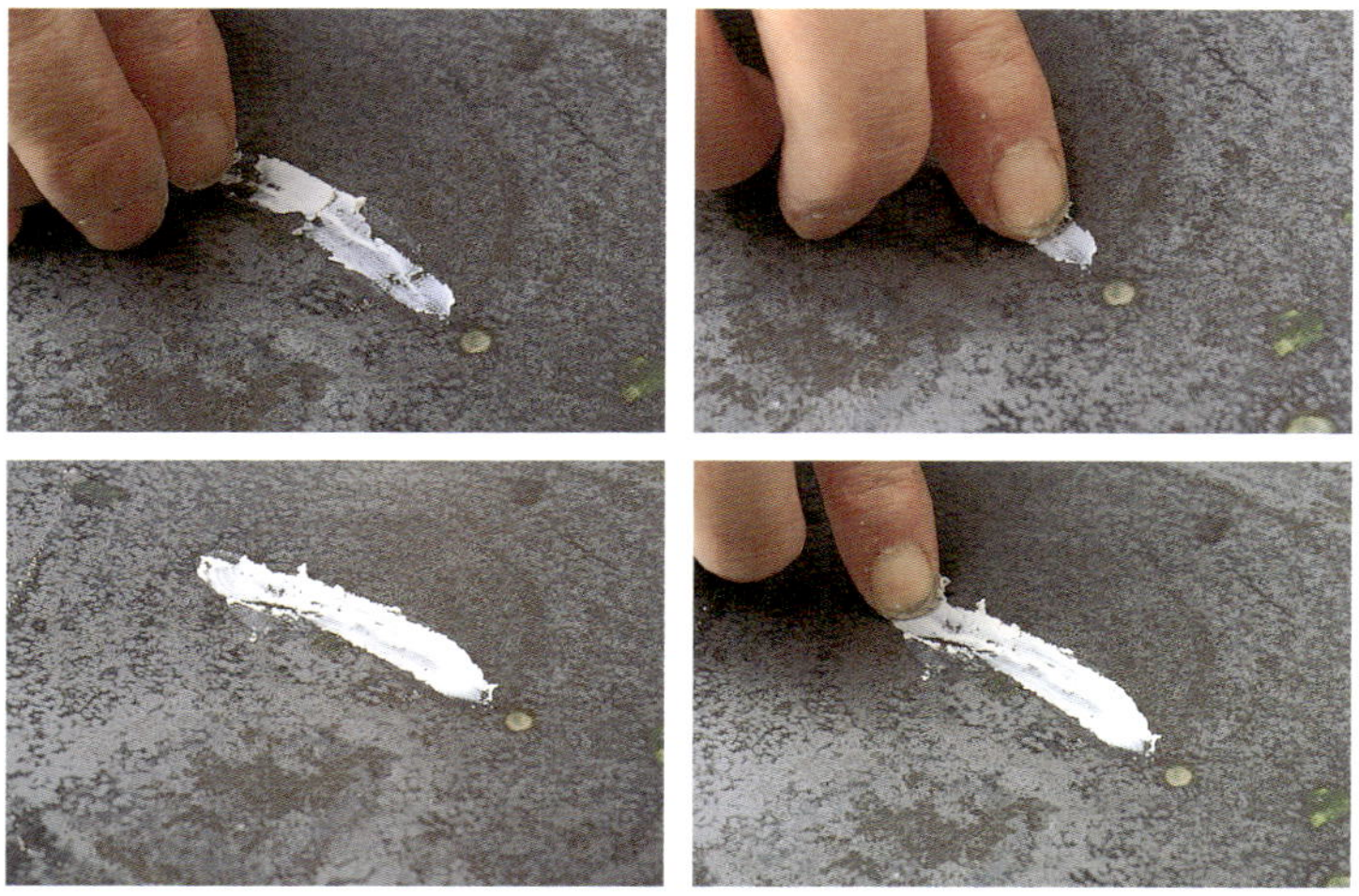

速乾性の接着パテをこね(12頁)、窯きずの部分に塗り込んでいきます。

Point 隙間がなくなるよう、完全に接着パテでひび割れをふさぎましょう！

2

10分ほど置いて完全に乾いたら、はみ出たパテはカッター等できれいに取り除きます。

3

耐水ペーパー（400番）で、水をつけながら接着面をやわらかくこすってなめらかにします。

4

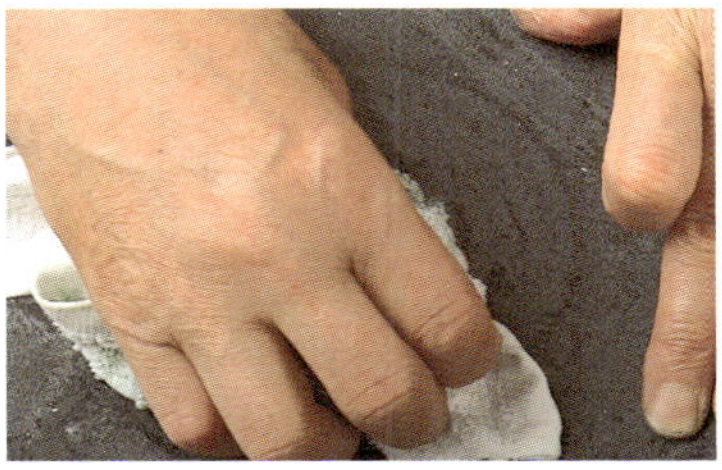

水をかたくしぼった布できれいに拭き取ります。

5

ふぐ印新うるし（本透明）と真ちゅう粉を同比率で混ぜ、漆薄め液を加え混ぜます（14頁）。

6

窯きずを埋めたパレットの上を筆でなぞっていきます。カッター等でつくろい部の形を整え、そのまま20分ほど置いて乾かしたら完成です。

真ちゅうを使ったつくろいの技 Q&A

▶そもそも「真ちゅう」とは何ですか？

銅と亜鉛の合金で、黄銅とも呼ばれます。
適度な強度があって侵食されにくいうえ、金に似た黄色の光沢を持つことから、
古来より金の代用品として用いられてきました。

▶真ちゅう粉と新うるしを混ぜたものが残ったら、保存はできますか？

できません。パレットに残ったものや筆についたものは放っておくと固まってしまうので、
漆薄め液できれいに拭き取っておきます。

▶つくろいの線を描く際、はみ出したりして失敗したらどうすればよいでしょう。

乾いてしまったら取れなくなるので、すぐに漆薄め液で拭き取ります（23頁）。
金粉を使ってつくろう際（次頁以降）も同様です。

▶真ちゅうの仕上がりは、金と比べてどのような違いがありますか？

ある程度の強度があるとはいえ、純金ほどの安定性はなく、経年ののち、サビによる変色なども起きかねません。

あくまで「金の代用品」という認識を持ったうえでご利用ください。

▶修復後の器の取り扱いはどのようにすればよいですか？

汚れたら中性洗剤を使ってスポンジ等で洗い、水気はよく乾かします。加熱は厳禁です。

金つくろい その❶

「ほつれ」を直す

いよいよここから、金粉を使った金つくろいの技法を紹介します。

まずは、口縁などによくみられる、ちょっとした欠け（ほつれ）の修繕から。

ほんの少しの欠けによってしまい込まざるを得なかった器を、もう一度お客様の前に出せるようにしてみましょう！

この直しで準備しておくもの

材料

- ★極遅乾性の接着パテ（クリーム状のもの）
- ★ふぐ印新うるし（黒色）
- ★漆薄め液
- ★純金粉（消粉でも可）

道具

- ★へら・カッター
- ★耐水ペーパー（400番以上の細かいもの）
- ★極細の筆
- ★布巾数枚
- ★容器に入れた水
- ★小皿数枚（漆を出すため）
- ★真綿の「たんぽ」（11頁参照）

縁が少しほつれてしまった器。まずは欠けた所を中心に汚れを落とし、よく乾かしておきます。

1

極遅乾性の接着パテ（クリーム状のもの）をそれぞれ同量ずつ取り、へらでまんべんなく練り合わせます。

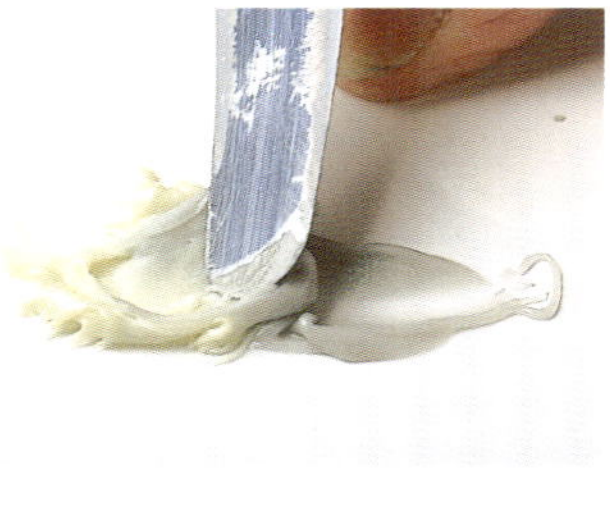

2

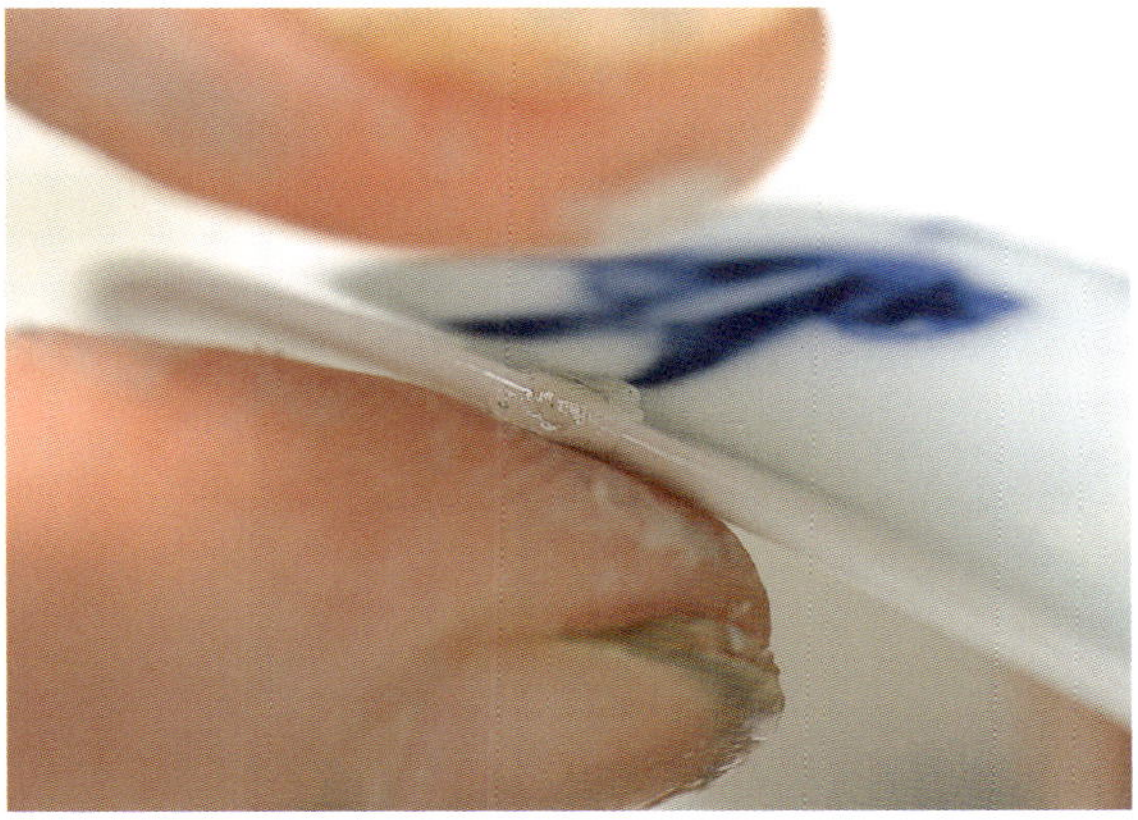

接着パテを欠損部につけ、指先で形を整えます。一昼夜置いて乾かします。

3

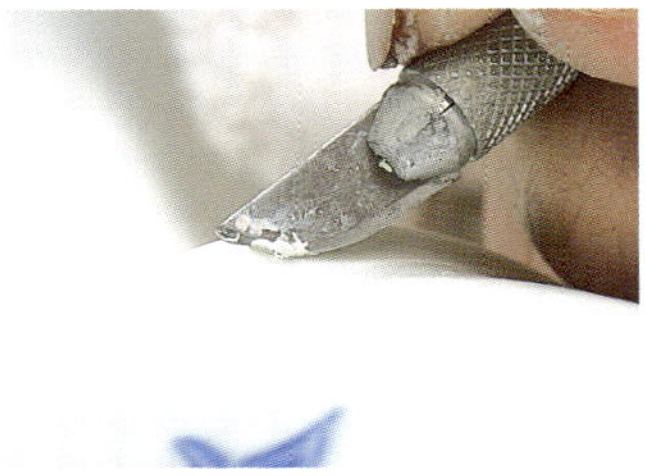

接着パテの出っ張った部分をカッター等で削っておきます。

4

耐水ペーパー(400番以上の細かいもの)で、水をつけながら接着パテの部分をやわらかく磨いてなめらかにします。

5

ふぐ印新うるし(黒色)を小皿に出し、漆薄め液で筆をぬらしてから、極細の筆で取って接着パテの部分に乗せていきます。

6

5分ほど置いてから、真綿のたんぽを使って純金粉を蒔きます。漆が浮き上がってこなくなったら、真綿を使って金をこすり、光沢を出して仕上げます。一日置いて金が落ち着いたら完成です。

金つくろい その2

「にゅう」を直す

細く入ったひび「にゅう」には、新うるしを筆で直接塗っていきます。金を蒔いたら、器の表情が一段と輝くはずです。

1

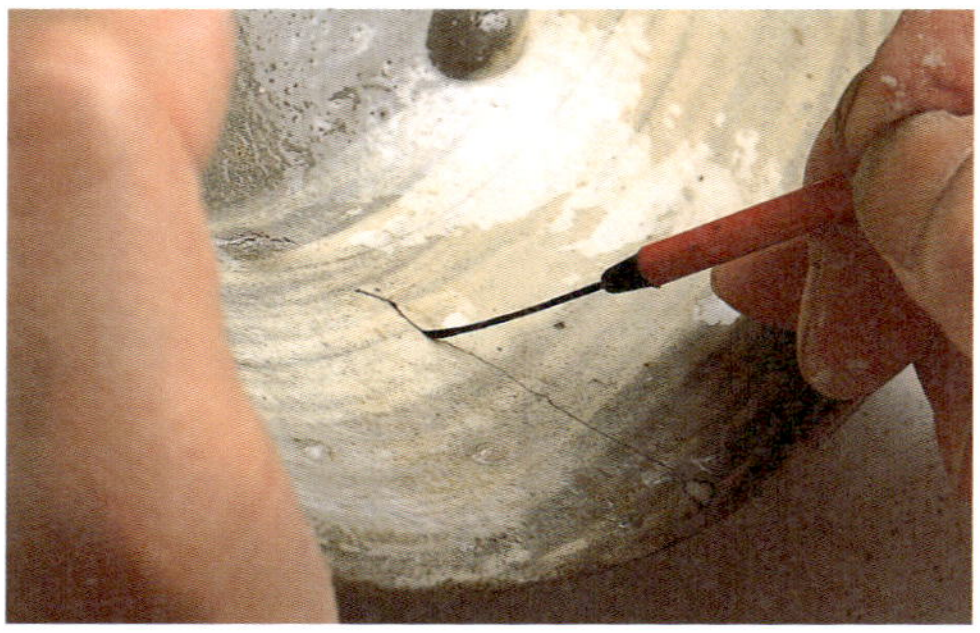

まずは小皿にふぐ印新うるし（黒色）と漆薄め液をそれぞれ出します。漆薄め液で筆をぬらしてから新うるしを取り、にゅうの上をなぞっていきます。器の内側から、できるだけ細く描きます。

Point 新うるしが丸くふくらみを持つように筆を乗せていきましょう。

2

ゆっくりと筆を手前に向かって描き上げます。

この直しで準備しておくもの

材料

★ふぐ印新うるし（黒色）
★漆薄め液
★消粉（純金粉でも可）

道具

★極細の筆
★小皿数枚（漆を出すため）
★真綿の「たんぽ」（11頁参照）

3

器の外側も同様に塗っていきます。

4

5分ほど置いたら、真綿に消粉を取り、新うるしを乗せた順に蒔いていきます。

5

十分に蒔き終えたら、そのまま真綿で軽くこすり、磨いて光沢を出して仕上げます。一日置いて金が落ち着いたら完成です。

金つくろい その3

欠けを直す

破損した欠けらがなくなってしまった場合の、その部分を補ってつくろう方法です。

この直しで準備しておくもの

材料

- ★速乾性の接着パテ
- ★ふぐ印新うるし（黒色）
- ★漆薄め液
- ★消粉（純金粉でも可）

道具

- ★耐水ペーパー（400番以上の細かいもの）
- ★極細の筆
- ★小皿数枚（漆を出すため）
- ★真綿の「たんぽ」（11頁参照）
- ★容器に入れた水
- ★布巾数枚

1

欠損部分のゴミや汚れを、漆薄め液できれいに拭き取ります。

2

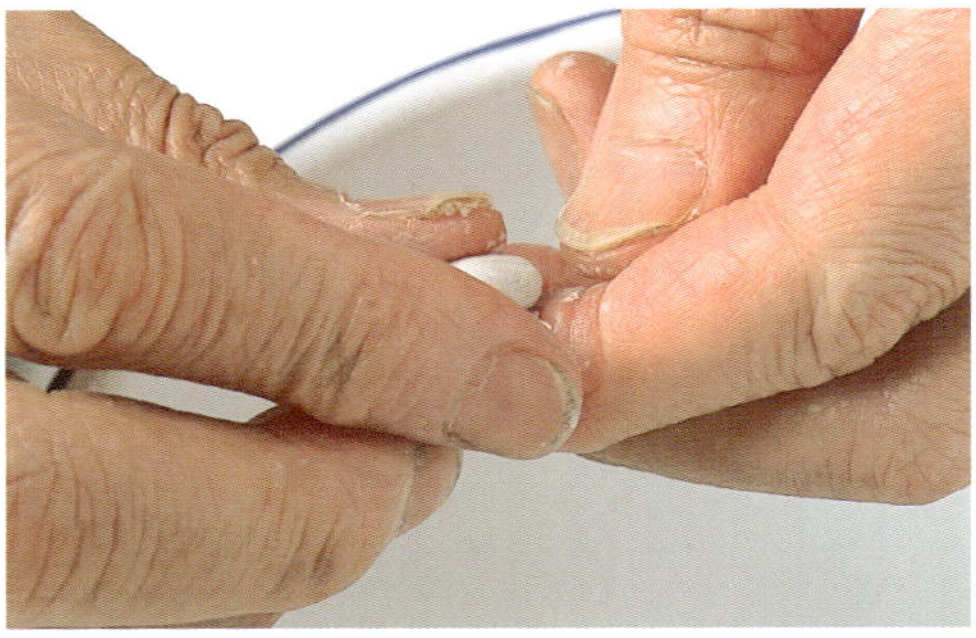

速乾性の接着パテを、指に水をつけながらこねます（12頁）。

3

欠けた部分に接着パテを手早くつけて埋めていきます。

4

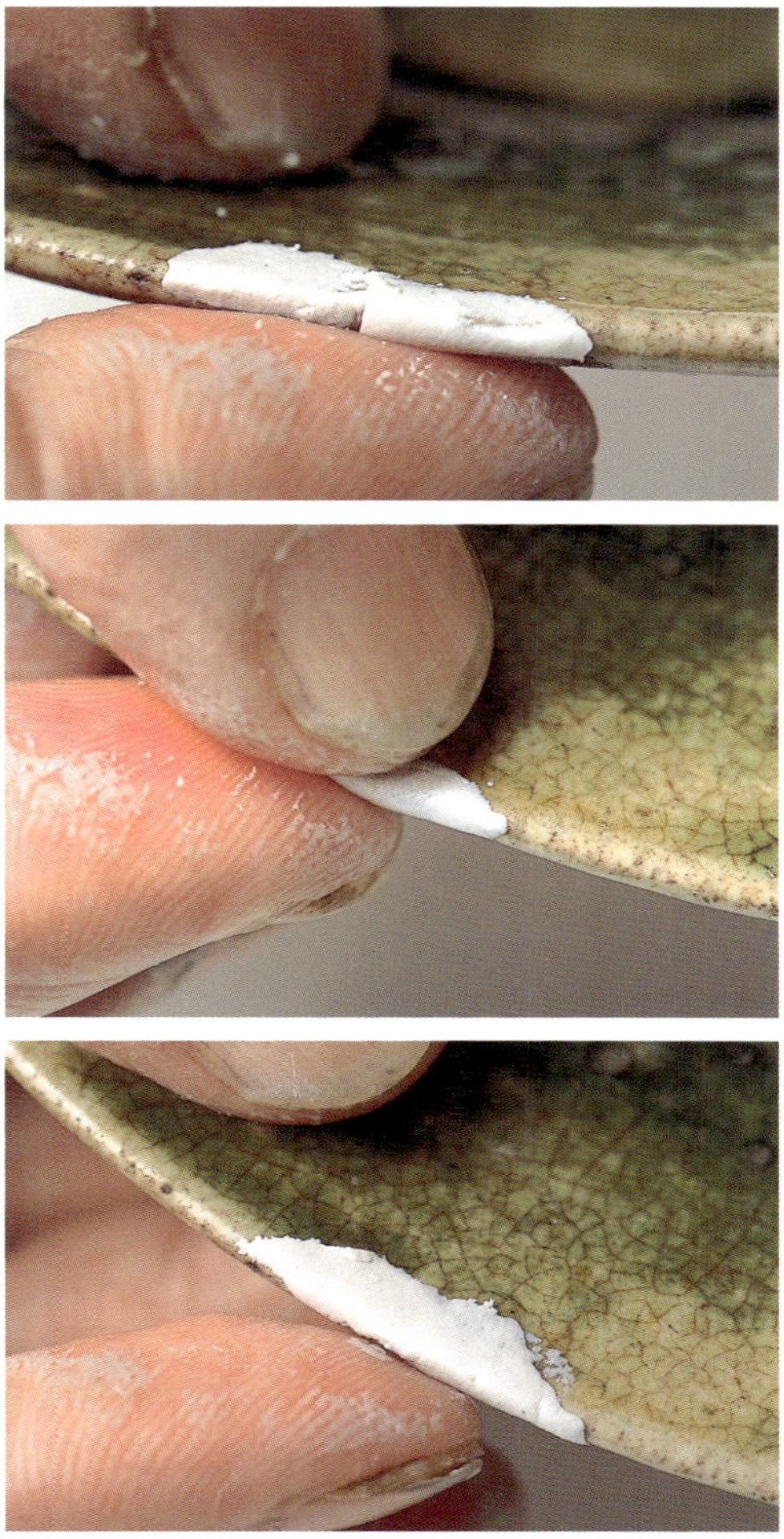

指をぬらし、パテの表面をなぞってなめらかにします。縁や高さが違和感なくきれいにつながるよう整えます。

5

約10分以上置いて完全にかたまったら、耐水ペーパー(400番以上の細かいもの)で水をつけながらやさしく磨き、接着パテの表面をさらになめらかにします。

6

小皿にふぐ印新うるし(黒色)と漆薄め液を少量ずつ出します。

7

漆薄め液で筆をぬらしてから新うるしを取り、接着パテの部分に塗っていきます。

Point

まずは輪郭を描くように、
接着パテの外縁の部分をなぞっていきましょう。
何度も筆を行ったり来たりさせず、
また新うるしを付け足したりもしないこと！
一息で塗れば、
すっきりとていねいに仕上がります。

8

輪郭の内側に、新うるしを乗せるように塗っていきます。

9

5分ほど置いたら、真綿に消粉を取り、新うるしの上に金を蒔きます。十分に金を吸って表面に金が乗ったら、そのまま真綿で軽くこすって磨いて光らせます。

10

周りについた金は、漆薄め液でていねいに拭き取って、一日置いて金をなじませれば完成です。

金つくろい その4

純金粉で「土もの」の割れをつくろう

純金粉は金の輝きが強いので、器の雰囲気に合わせ、金を引き立たせたい場合に用います。ここでは純金粉での修復が意外に似合う、「土もの」の金つくろい法を紹介します

この直しで準備しておくもの

材料

- ★速乾性の接着パテ
- ★ふぐ印新うるし（黒色）
- ★漆薄め液
- ★純金粉

道具

- ★耐水ペーパー（400番以上の細かいもの）
- ★極細の筆
- ★布巾数枚
- ★容器に入れた水
- ★小皿数枚（漆を出すため）
- ★真綿の「たんぽ」（11頁参照）
- ★鯛の牙（金を磨くため。または「めのう」）
- ★歯ブラシ

中央から真っ二つに割れた備前徳利。下準備として、断面に付着したゴミや汚れはきれいに取り除いておきます。

1

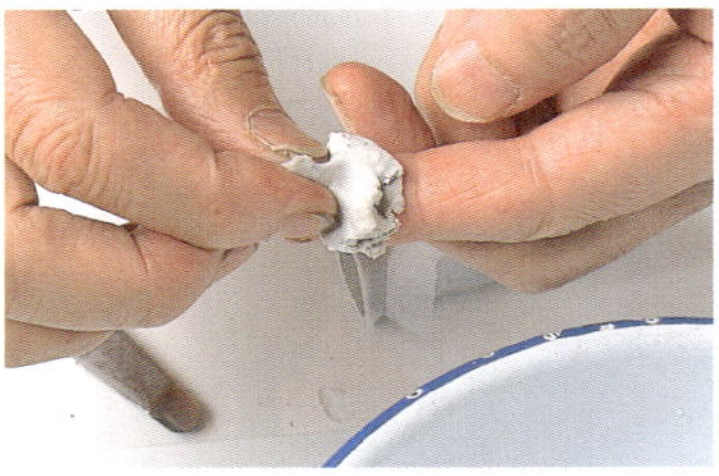

速乾性の接着パテを、指に水をつけながら、手早くこねて練り合わせます。

2

片方の断面に、親指でなすりつけるようにまんべんなく接着パテをつけていきます。

3

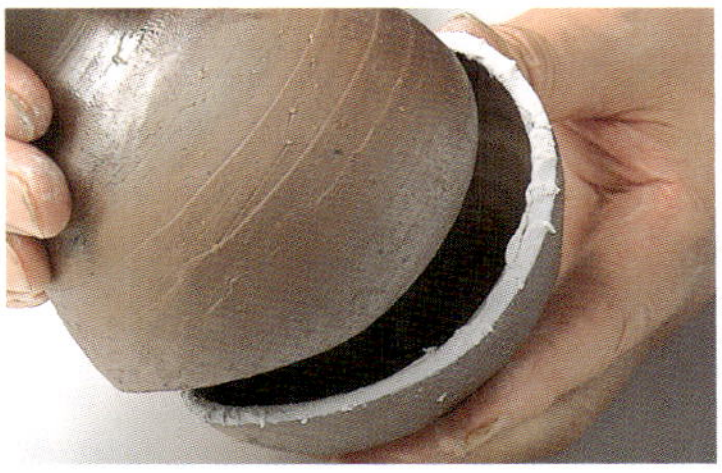

ずれないよう注意しながらぴったりと接合します。

4

はみ出た接着パテをカッター等で削り取ります。

5

隙間がないよう、接着パテを完全に補てんします。継ぎ目全体の表面を、水をつけて指でこすり、きれいに整えておきます。その後10分ほど置いて乾かします。

6

耐水ペーパー(400番)で水をつけながら、継ぎ目の表面を磨きます。

7

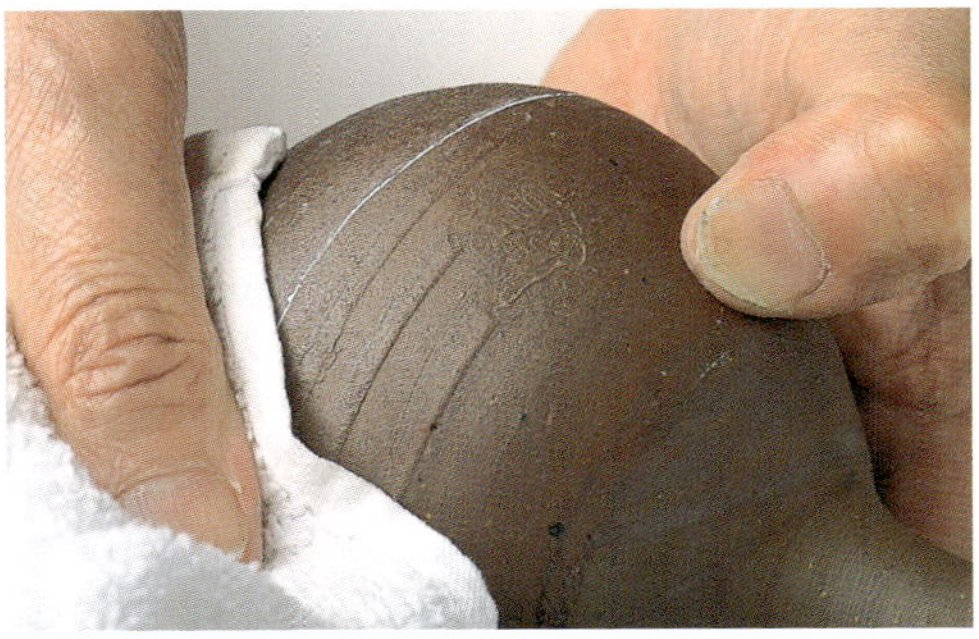

細かい部分もきれいに整えたあと、かたくしぼった布で拭きます。

8

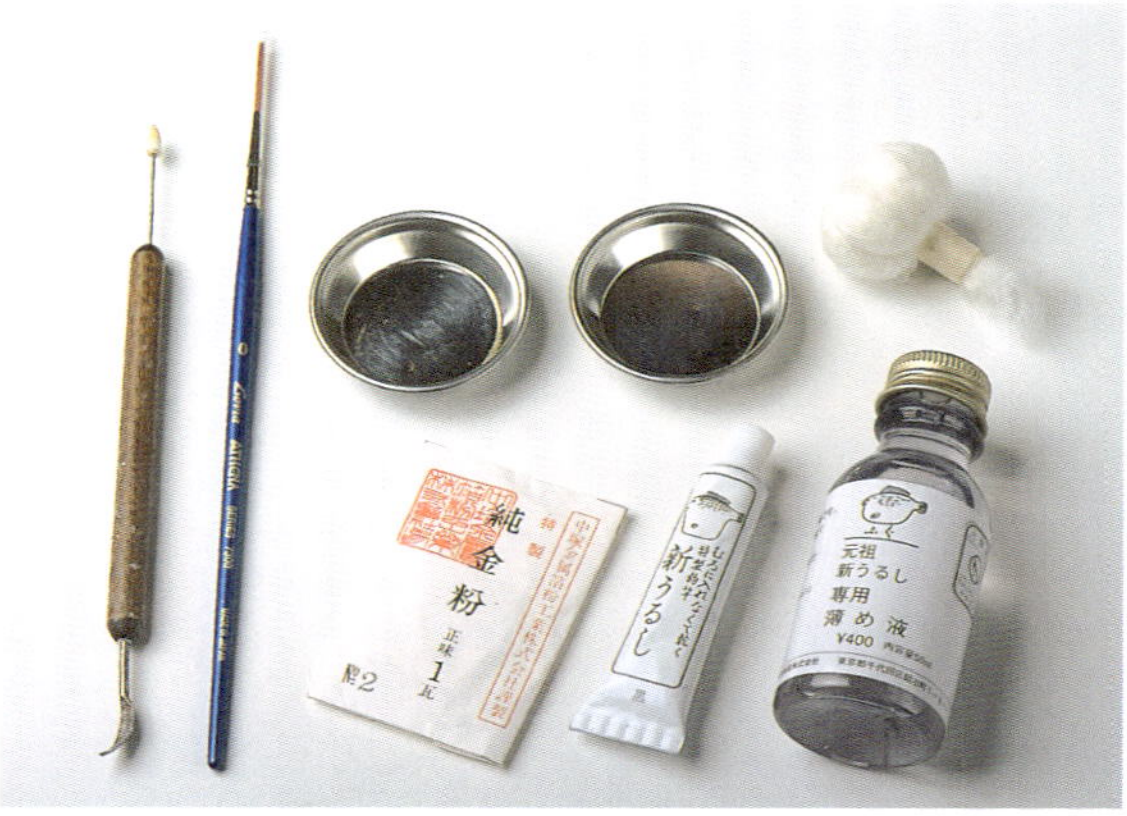

これらの道具を用いて金つくろいをします。

9

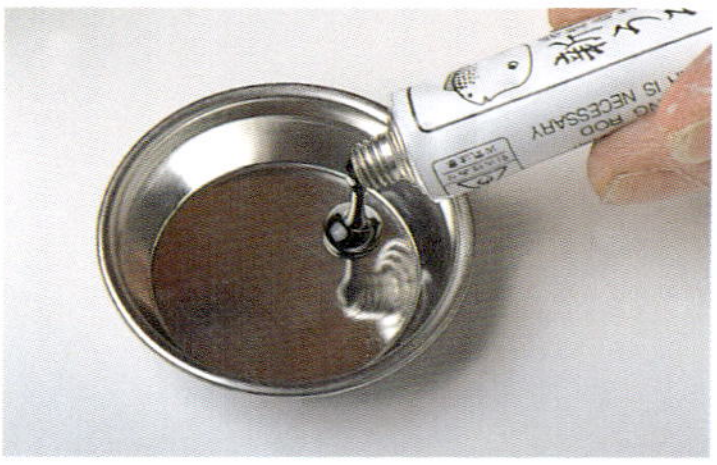

小皿に漆薄め液とふぐ印新うるし(黒色)をそれぞれ入れます。

10

漆薄め液を筆に浸して新うるしを取ります。

11

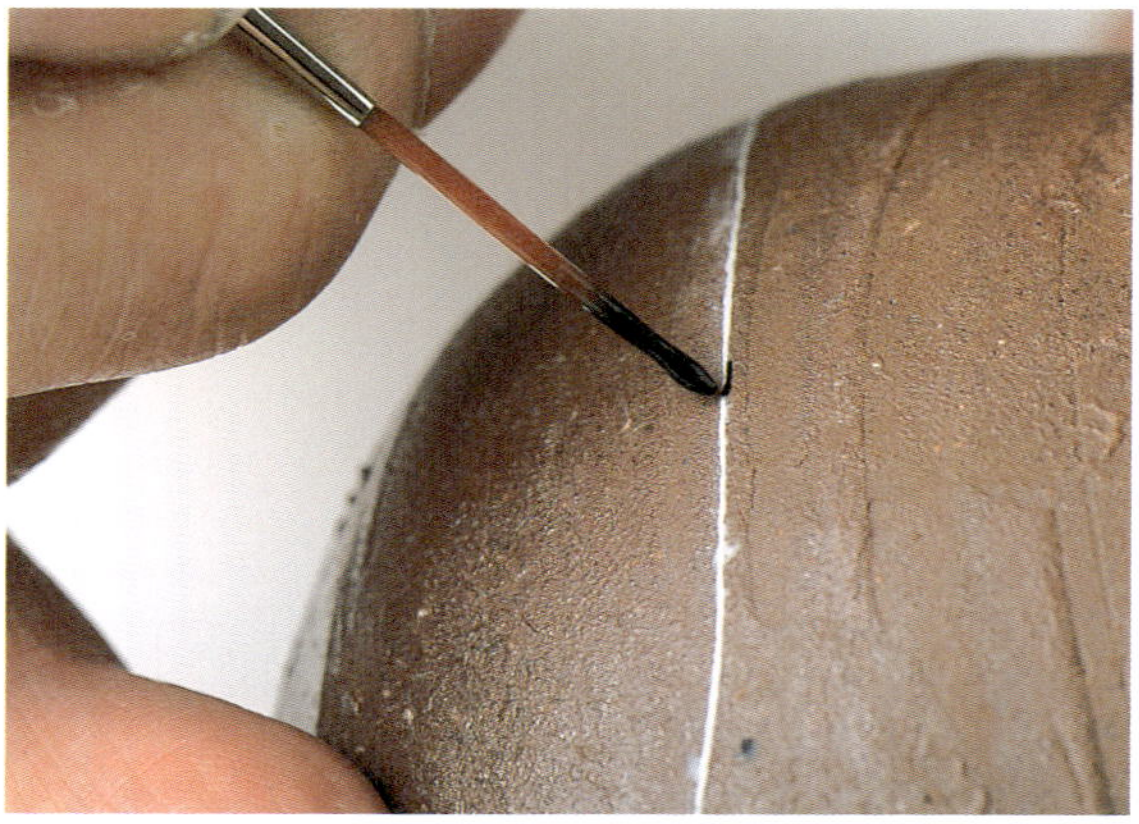

接着した部分を筆でなぞっていきます。筆が滑りにくくなったら、漆薄め液にほんの少し浸します。

Point 新うるしが少し盛り上がるような感じで乗せていくと、美しい継ぎ目になります。

12

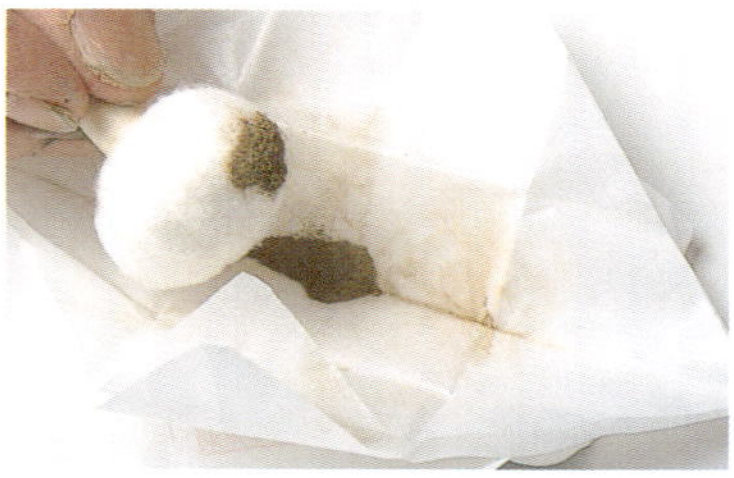

5分ほど置いてから金粉を真綿に取って、漆の上に蒔きます。

13

Point

漆の中に金を
落とし込んでいくようなイメージで、
叩き込むように蒔くのがコツ。
金粉は漆に沈むので、
ムラが出ていないか確認しましょう。
漆が浮いてくる場合は、
さらに上から金を叩き込みます。

継ぎ目全体に金粉をまんべんなく蒔いていきます。

14

周りについた余計な金粉は、漆薄め液でていねいに拭き取ります。

15

一昼夜置いて金を落ち着かせたら、鯛の牙（またはめのう）を用いて研ぎ、金の光沢を出します。

16

完成した備前徳利。

金つくろい その5

消粉でつくろう

消粉《けしふん》は純金粉より光沢がひかえめで、表面はつるりとなめらかに仕上がります。器の雰囲気や景色に応じて、消粉を用いるのもまた一興。ここでは天目《てんもく》茶碗の口縁《こうえん》についた細かな傷を、覆輪《ふくりん》の役割を果たす金で修復するケースを紹介します。

Point

はじめ極細の筆を使って新うるしをつけていき、続いて太めの筆を使って全体にムラなくのばしていくと塗りやすいでしょう。

1

筆先を漆薄め液でぬらし、ふぐ印新うるし(黒色)を取り、傷のついた口縁全体に塗っていきます。

2

5分ほど置いてから真綿に消粉を取り、全体にまんべんなくはたきこみます。

3

漆が浮き上がってこなくなるまで十分に金粉を蒔いたら、そのまま真綿で軽くこすって磨き、ツヤを出します。はみ出した余分な金は、漆薄め液で拭き取ります。一日置いて、金が落ち着いたら完成です。

4

つくろい終えた天目茶碗。覆輪の控えめな光沢が、器に新たな重みを与えます。

この直しで準備しておくもの

材料

- ★ふぐ印新うるし(黒色)
- ★漆薄め液
- ★消粉

道具

- ★極細の筆
- ★小皿数枚(漆を出すため)
- ★真綿の「たんぽ」(11頁参照)

パート1 金つくろいのQ&A

▶接着パテの「速乾性」と「遅乾性」のちがいとその使い分け方は？

速乾性パテは短時間（約10分）で硬化するので、手早く直したい場合に向いています。

遅乾性パテはすぐにはかたまらないので、時間があるときは遅乾性パテを用いたほうがゆとりをもって直せます。

▶接着パテをやすりやカッターで削る際、器に傷がつかないか心配です。

土ものでしたら傷はつきにくいものが多いですが、釉薬のかかったものや磁器はとくに注意が必要です。

なるべくパテの部分だけを、ゆっくりやわらかく磨くようにしましょう。

▶接着パテだけで仕上げ、白いつくろいにしてはだめですか？

パテで埋めただけだと汚れやカビが付きやすいので、
かならず漆や金でコーティングした状態にして仕上げましょう。

▶金つくろいには黒色の新うるしが使われていますが、『本透明』ではいけませんか？

色漆は粘度が高く、金を乗せるには透明のものより都合が良いので用いられます。

▶金粉をはじめから漆に溶かして塗ってはいけませんか？

金粉は漆より重く、混ぜると沈殿してしまいますので、真ちゅう粉のようにあらかじめ混ぜることはできません。

蒔絵の要領で蒔いて付着させます。

▶ガラスの器は金つくろいできますか？

透明なので接着部が見え、完全に金で隠すことができないのでおすすめはしません。

また厚みのないものはパテもつきにくく、作業中ケガをするかもしれないので危険です。

▶取り扱いはどのようにすればよいですか？

汚れたら中性洗剤を使ってスポンジ等で洗い、よく乾かします。

耐熱温度は100度程度ですので、食器洗浄機の利用はおすすめしません。

また直火はもちろん、金がスパークするので電子レンジ等での加熱もできません。

一日の作業が終わったあとは……

漆のついた筆を放置しておくとかたまってしまい使えなくなりますので、
以下の手順でよく洗っておきましょう。

1 漆薄め液か市販の筆洗い液で筆をよくすすぐ。
2 布巾で筆をぬぐう。
3 パレットも布巾でぬぐう。
★筆は風通しの良いところで筆立てに保管します。ぬぐった布巾は再利用できません。

1

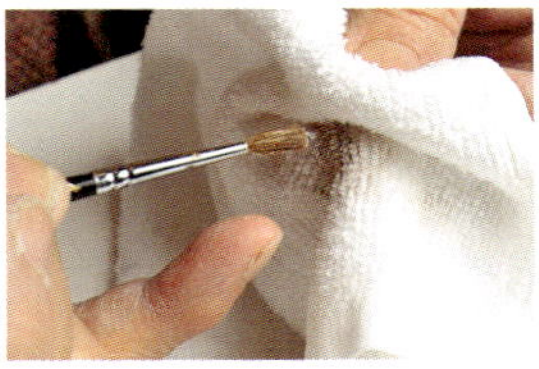
2

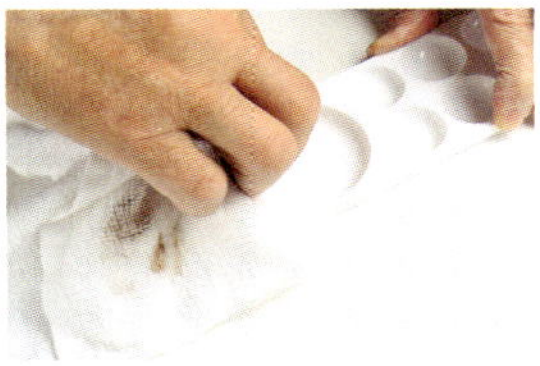
3

金つくろい その6

金箔で出来るつくろい 基本編

金箔で模様をつける

ここからは、金つくろいの方法を応用して考え出された、金箔によるつくろいを紹介します。記念品などにある不要な文字を消したい時などにとっても便利。デザインを工夫すれば、オリジナリティあふれる自分だけの作品をつくることも。まずは無地の漆器に模様をつける、もっとも基本的なケースを扱いましょう。

この直しで準備しておくもの

材料

- ★ふぐ印新うるし（本透明）
- ★漆薄め液
- ★金箔

道具

- ★太めの筆
- ★マスキングテープ
- ★布巾数枚
- ★小皿数枚（漆を出すため）
- ★真綿の「たんぽ」（11頁参照）
- ★竹のピンセット

1

模様をつけたい場所にマスキングテープを貼ります。

2

ふぐ印新うるし（本透明）を小皿に取ります。

3

太めの筆に漆薄め液を少量取り、新うるしを少しだけのばします。

4

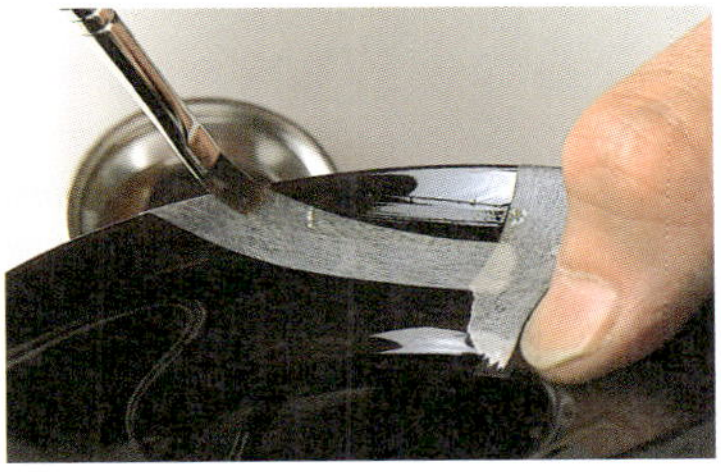

マスキングテープの内側に、まんべんなく塗っていきます。

5

竹のピンセットで金箔を取り、漆の上に少しずつ乗せて、テープの内側全体を隙間なく覆っていきます。

6

5分ほど置いたら、真綿で金箔を叩いてなじませます。

7

周りに飛び散った金箔を拭き取ります。

8

完全に金箔がなじんで落ち着くまで、一昼夜置いておきます。

9

マスキングテープを外側からゆっくりとはがします。

10

外側にはみ出た金箔をきれいに取ります。

11

金箔の上を真綿でおさえ、完全になじませたら、軽くこすって磨きます。

12

周りについた不要な金箔は、漆薄め液をつけた布で拭き取ります。

13

金箔の映える茶托が完成しました。

金つくろい その6

金箔で出来るつくろい 応用編
漆器の傷を金箔でつくろう

ふだん使いの漆器には、ちょっとしたはがれやへこみなど、全面塗り直すほどでもない細かな傷がつくことも案外多いのではないでしょうか。ここではそんな場合に役立つ、金箔による漆器の再生法を紹介します。

この直しで準備しておくもの

材料

- ふぐ印新うるし（黒色、本透明）
- 漆薄め液
- 金箔
- 砥《と》の粉《こ》

道具

- へら
- 極細の筆
- 太めの筆
- 耐水ペーパー（2000番以上の細かいもの）
- マスキングテープ
- 型紙
- 布巾数枚
- 容器に入れた水
- 小皿数枚（漆を出すため）
- 真綿の「たんぽ」（11頁参照）
- 竹のピンセット

1

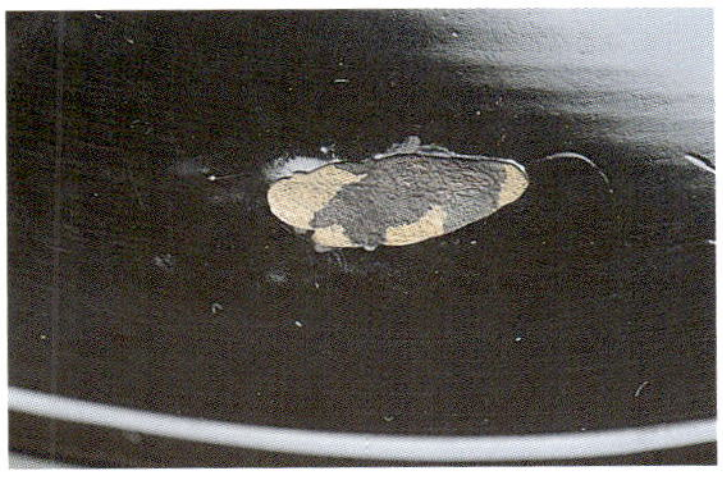

部分的に漆がはがれたり傷ついたりした真塗り（黒漆だけで仕上げた漆器）の盆を直していきます。

2

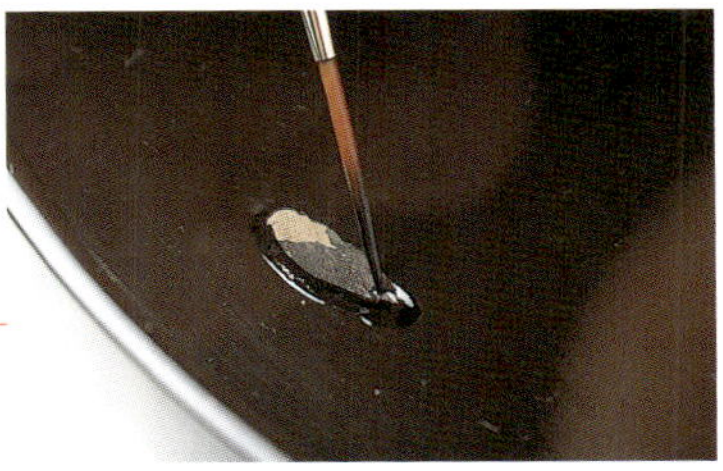

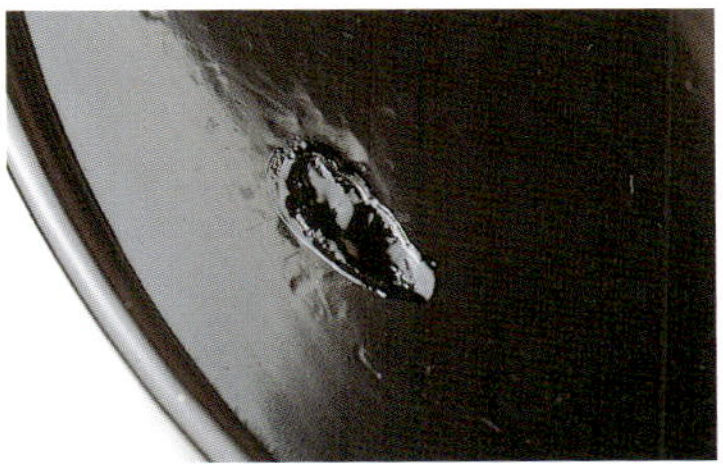

小皿にふぐ印新うるし（黒色）と漆薄め液を出します。筆先を漆薄め液でぬらし、新うるしを取り、はがれた部分に塗ります。

3

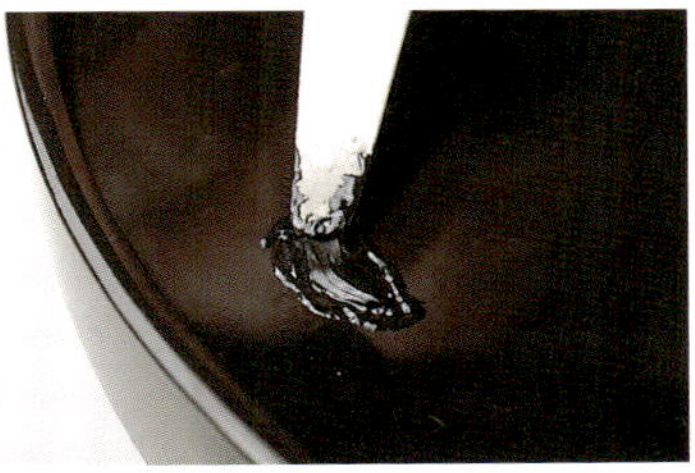

新うるしと砥《と》の粉《こ》を1:1で混ぜ合わせ（49頁）、修復箇所に盛り上がるように塗り重ねます。

4

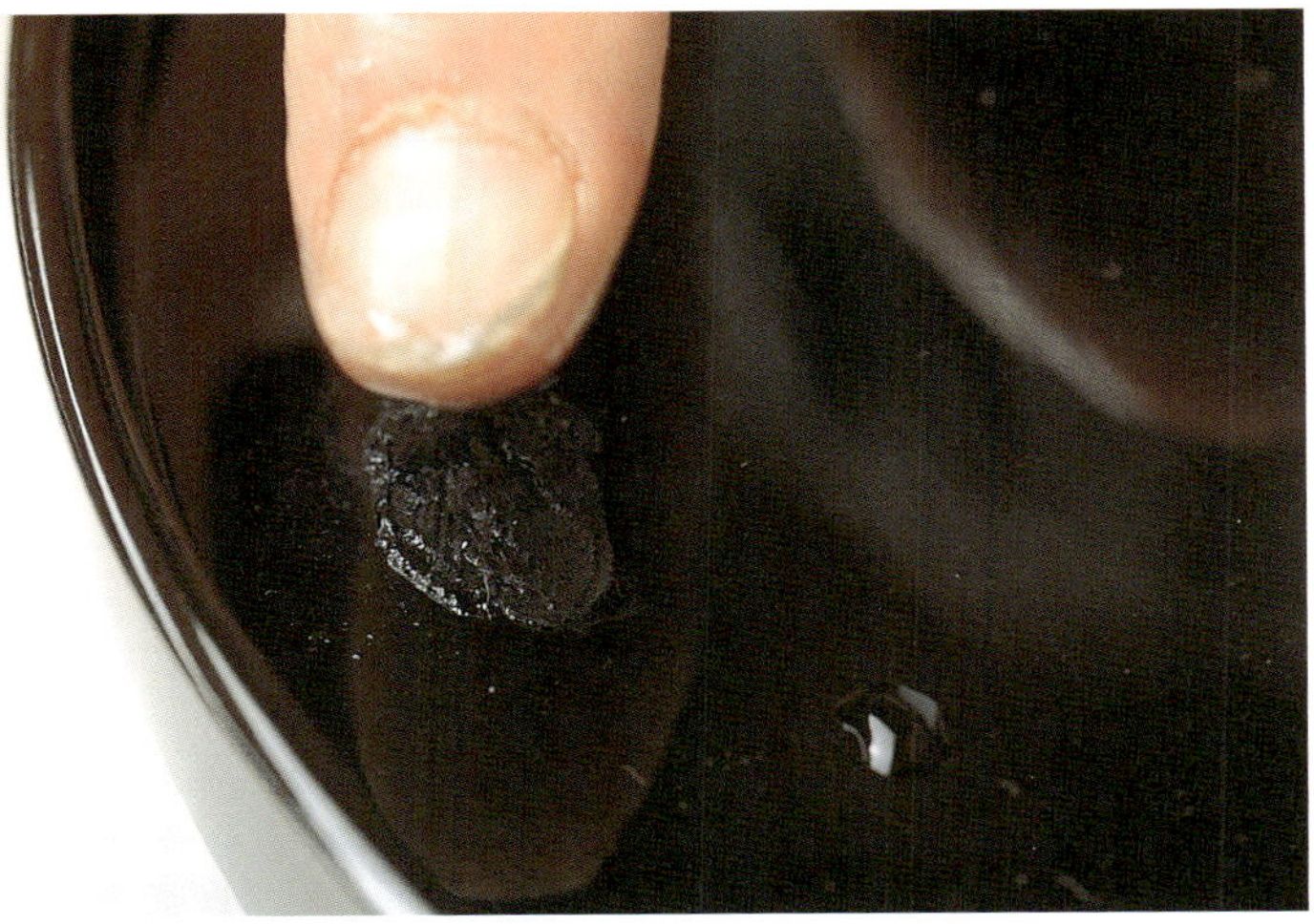

指に水をつけてしっかりとおさえて中に埋め込み、表面を平らにします。

5

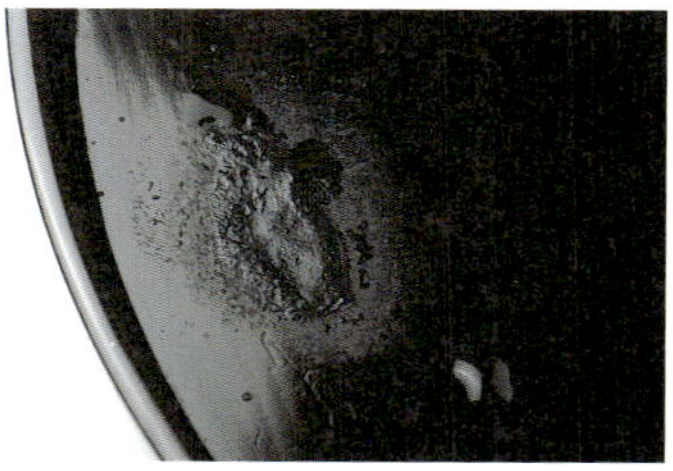

そのまま一日置いて乾かします。

6

耐水性サンドペーパー(2000番以上の細かいもの)で水をつけながら研ぎます。

7

布巾でよく拭きながら、表面が平らになっているか確認します。

8

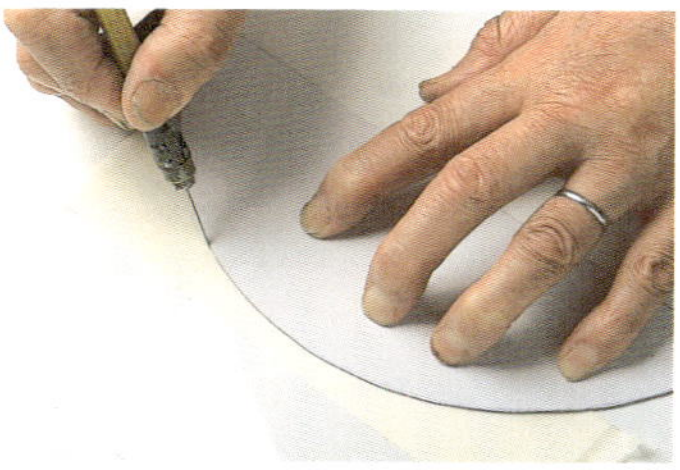

マスキングテープに型紙を当てて、金を配置する所に合わせて型を取ります。

9

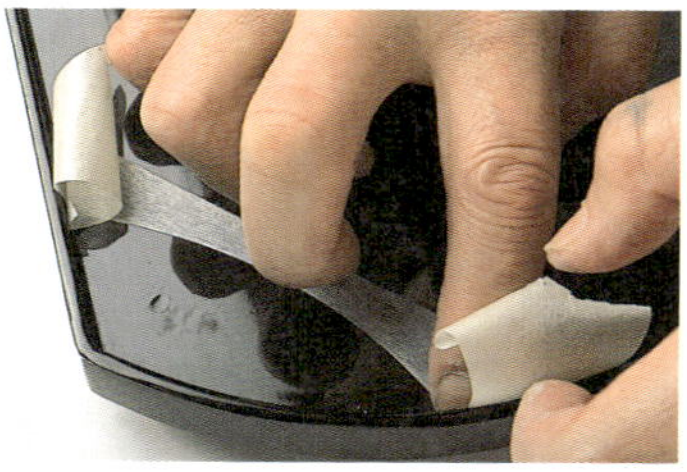

テープの使用するところだけをはがして、金箔を置く部分の輪郭になるところに貼ります。

10

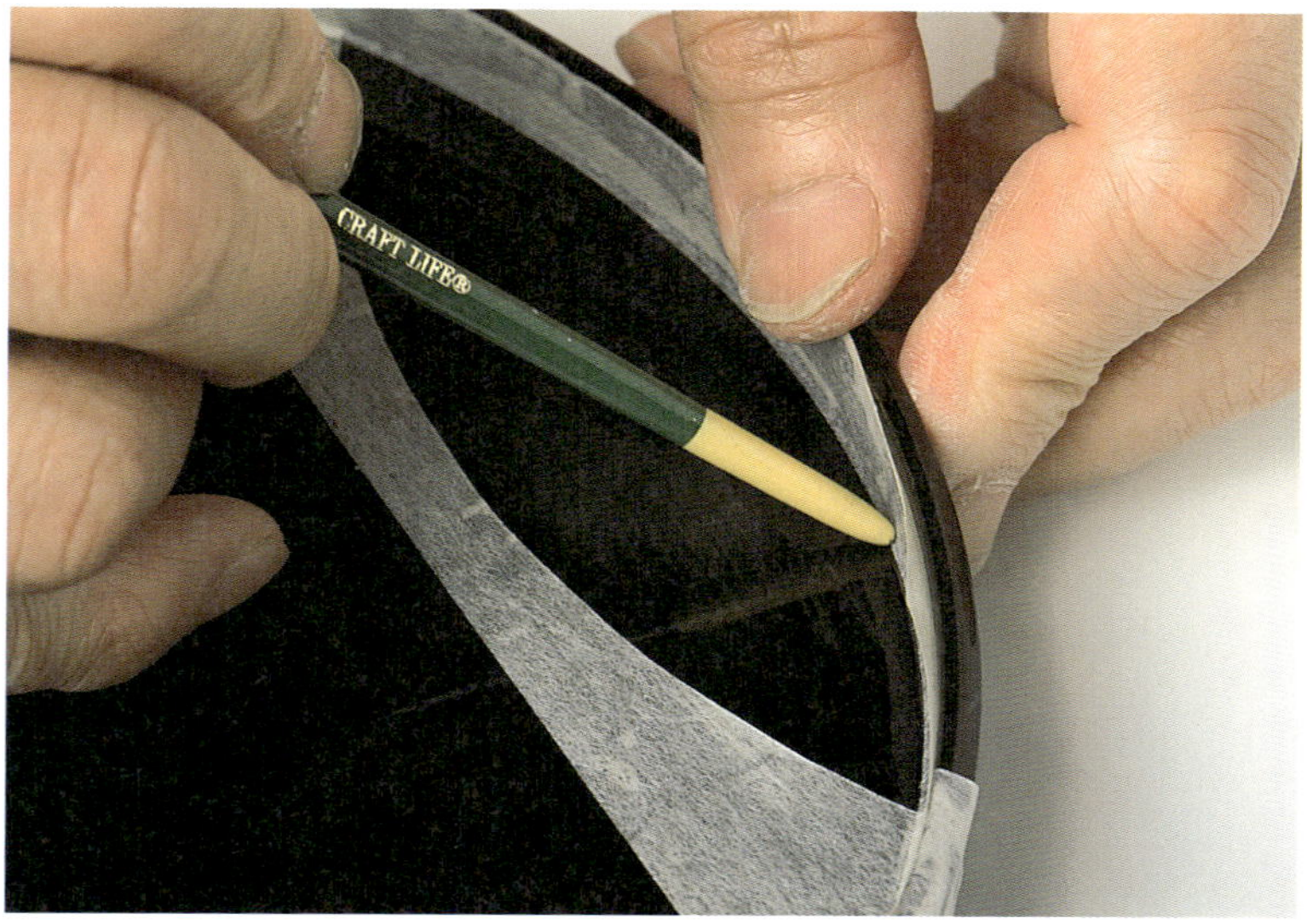

盆の立ち上がり部分にもテープを貼り、完全にマスキングします。

11

漆薄め液と新うるし(本透明)を小皿に取ります。

12

漆薄め液に太めの筆を軽くひたし、新うるしをたっぷりと筆につけます。

13

テープの内側をムラなく塗ります。

14

その上にすぐに金箔を隙間なくたっぷり乗せます。

15

5分ほど置いたら、真綿で埋め込むように叩きます。

16

端や角・立ち上がり部分などは特に注意して、隙間のできないようていねいにはたき込みます。これを各所同様にほどこします。

Point

強くこすると
金箔が動いてしまいます。
おさえこむように
叩きましょう。

17

金箔を十分に蒔いたら、一昼夜置いてなじませます。

18

マスキングテープをゆっくりはがします。

19

金箔の表面を真綿で軽くこすってツヤを出します。

20

周りについた金箔を、漆薄め液でていねいに拭き取ります。

21

つくろいの完成した真塗りの盆。金箔によって、もてなしの席にもぴったりの一作となりました。

番外編

色漆を使ったつくろいの技

縁が欠けたり、はがれのある漆器。
色付き漆を使えば、もとの色と同じように修復することも可能です。
道具の色に近い新うるしを用意して、
さあはじめてみましょう。

補修前の状態。青漆の盆の、縁の一部がはがれていました。

1

ふぐ印新うるし（赤色）と砥《と》の粉《こ》を同量ずつ小皿に取り、よく混ぜ合わせます。

2

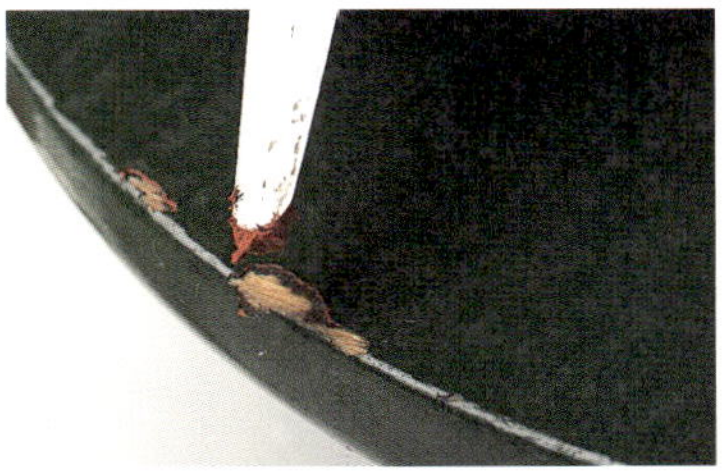

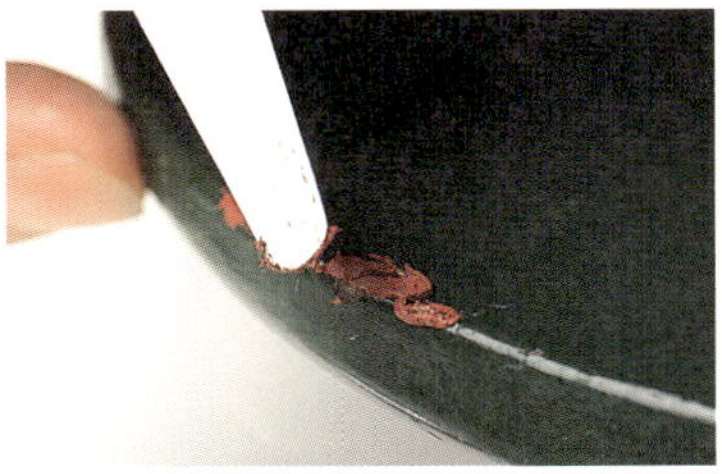

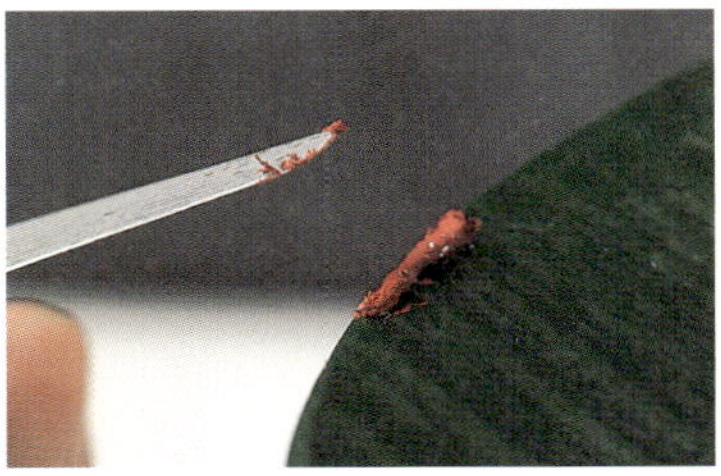

へらに取り、欠損部分を埋めます。少し盛り上がるくらい多めにつけると良いでしょう。

この直しで準備しておくもの

材料

★ふぐ印新うるし（赤・緑色）
　◆器の色により選定
★漆薄め液
★砥《と》の粉《こ》

道具

★へら
★細めの筆
★耐水ペーパー
（2000番以上の細かいもの）
★布巾数枚
★小皿数枚（漆を出すため）

3

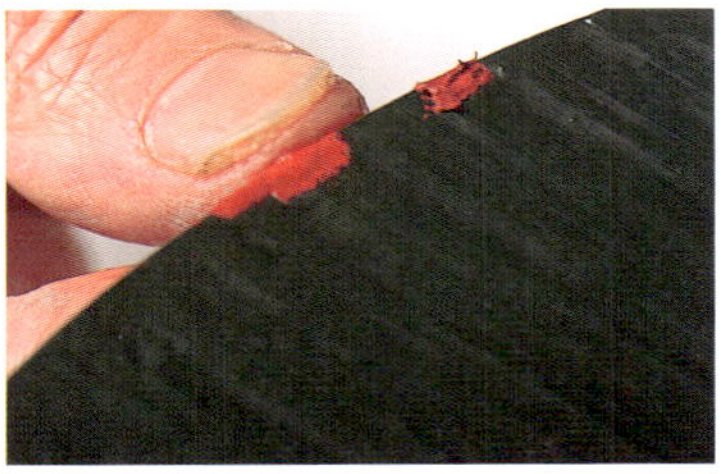

指に水をつけ、平らになるよう整えます。そのまま一晩置いて乾かします。

4

耐水ペーパー(2000番以上)で水をつけながら磨き、表面をなめらかにします。

5

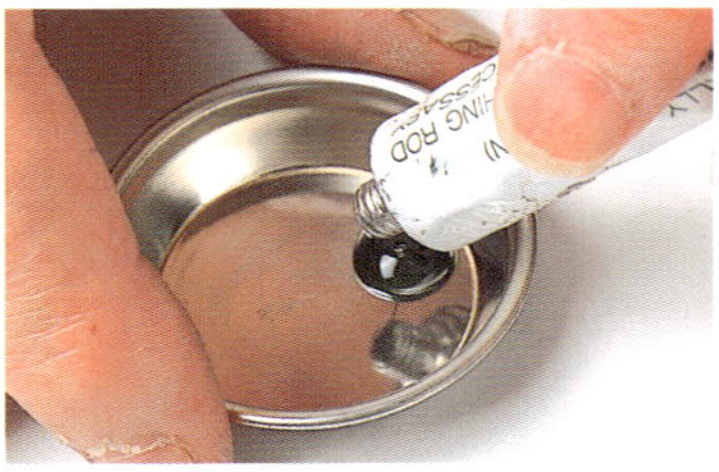

新うるし(緑色)を小皿に出し、実際に器の部分に塗ってみて、違和感がないか色合わせをしてみます(乾かないうちに漆薄め液で拭き取ります)。少し色が違うようなら、他の色漆と混ぜて調整すること。

6

つくろい部分に新うるしを塗っていきます。30分ほど置いて乾かします。

7

直接食物に触れない位置のつくろいでしたので、食卓を彩る盛り付け器として使用してみました。

PART 2

本漆を使った、プロの手がける本格金つくろい

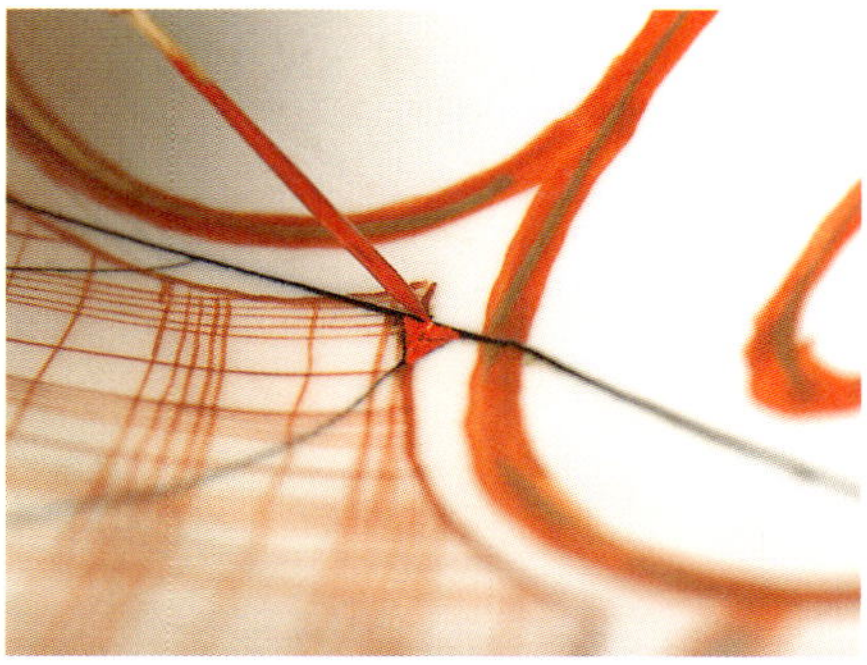

本漆を使った本格的な器の修繕は、
素人にはちょっと手が出にくいかもしれません。
でも、本来の修繕のわざを知っておくことは、
自分で直す時にも、決して損にはならないはずです。

パート2は、
本格的な「金つくろい」・「漆継ぎ」の世界。
「天然の接着剤」である漆を用いた、茶道具の修繕法を紹介します。

指導　野上忠男

パート2で使用する主な材料・道具一覧

主な道具と素材（左から）

- 竹べら　接着面に漆を塗る際に用います。
- 檜のへら　器物からはみ出た漆を取るのに用います。
- 合成樹脂のへら　漆を混ぜて練り合わせ、破損部の穴埋めをするのに用います。
- ブラシ　割れ目の汚れや不純物を取り除くのに用います。
- 生漆《きうるし》　漆の原液を絹布等で漉《こ》し、異物を取り除いた漆液のことです。チューブ入り。
- 小麦粉　市販の中力粉。

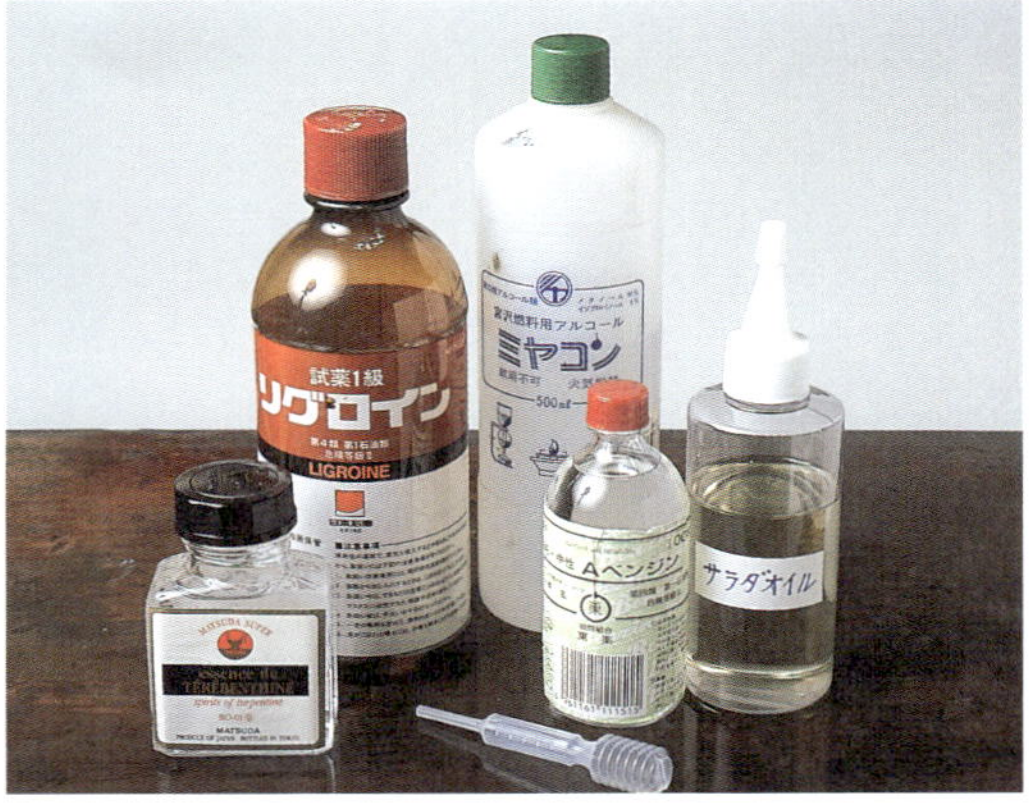

溶剤類（左から）

- ガムテレピン
  漆を薄めたり、拭き取るのに用います。
- リグロイン
  接着用の麦漆《むぎうるし》（54頁参照）や、生漆を薄めるのに用います。
- アルコール
  手についた油や、器についた指紋を拭き取るのに用います。
- ベンジン
  手についた漆を取るのに用います。
- サラダ油
  使用後の筆を洗うのに用います。

仕上げ用の道具（左から）

- 木地呂漆《きじろ》　琥珀《こはく》色の漆。顔料を加えて色漆をつくる際のもとになるもの。
- 呂色漆《ろいろ》　黒漆。木地呂漆・呂色漆は、いずれも油分の含まれていない漆100%のものです。
- 細筆　漆を割れ目にしみ込ませたりする時に使います。
- 純金　蒔絵用、平極《ひらごく》（丸粉《まるふん》と消粉《けしふん》との中間的な形状のもの）。金継ぎに使います。
- 顔料　木地呂漆と合わせて、赤・緑・黄など、さまざまな色をつくります。
- 真綿　金を蒔くときに用います。
- 小皿　漆を調合するのに用います。
- 漉《こ》し紙　漆を漉すのに用います。ナイロン系の漉し紙と和紙の吉野紙のどちらでもかまいません。

漆かぶれについて

漆かぶれとは、漆の主成分ウルシオールと、皮膚のタンパク質が反応してかゆみなどを引き起こすアレルギー現象です。症状は各人の体質や体調によりさまざまですが、未乾燥の漆に触れた場合、かなりの確率でアレルギー症状が出るといわれています。

漆かぶれを防ぐには

とにかく「直接皮膚につけないこと」に尽きます。露出の少ない服や、薄手で吸着性のあるゴム手袋の着用などが主な予防法です。また、発汗によるむれを防ぐため室温を低くしておく手もあります。肌にコールドクリーム（油性クリーム）を塗ることも一定の効果があるようです。

万一かぶれてしまったら

誤って漆に触ってしまったら、すぐにガムテレピン（右頁）で拭き取り、石けんで良く洗ってから、熱い食塩水にその部分をじっくり浸けると良いといわれています。それでも改善しない場合は皮膚科に行きましょう。時間の個人差はありますが、治らないことはまずないはずです。

 ★各材料の参考価格・取扱店は、76・77頁をご参照ください。

基本となる天然の接着剤

麦漆《むぎうるし》のつくりかた

本漆でのつくろいに、主に接着剤として用いられるのは、漆と小麦粉を練ってつくる「麦漆《むぎうるし》」というものです。ここではまずその作成法を紹介します。

1

小麦粉にスポイトで少しずつ水を加えていき、へらを使って耳たぶくらいの固さまで練っていきます。

2

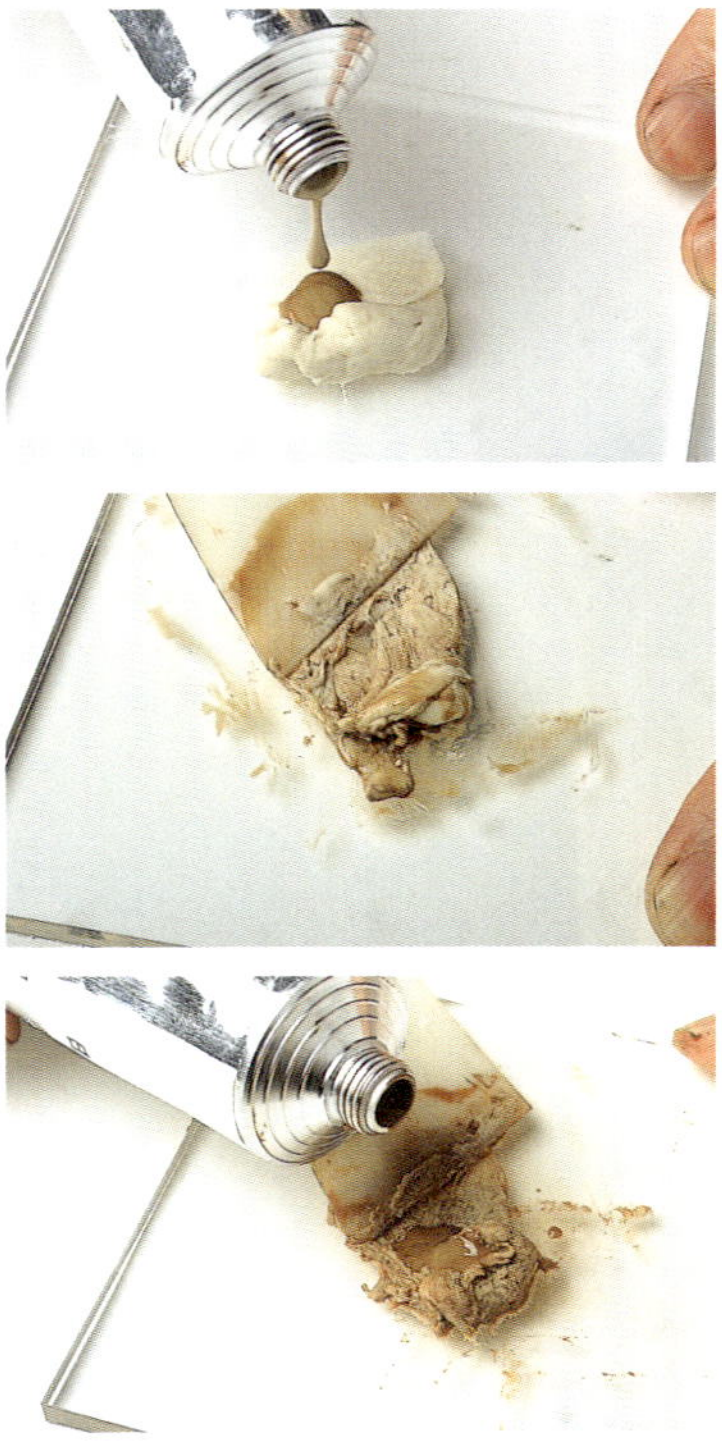

生漆《きうるし》を少しずつ加え、練っていきます。

3

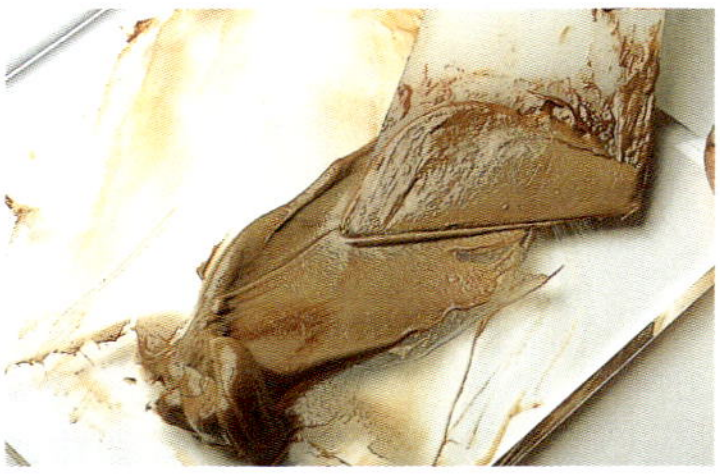

するとどんどん色が変わっていきます。手早く混ぜ続け、チョコレート色のツヤが出るまで均一にならします。

4

よく練り上げて完成です。米などのでんぷん糊と生漆を混ぜ合わせたものは糊漆(のりうるし)といいます(69頁)。

本格金つくろい その1

陶器の割れを直す

まずは本漆で行う金つくろいの、もっとも典型的な例をご紹介。
割れて複数の破片が出たら、
破片同士をくっつけてから本体に接着させ、金を蒔きます。
パート1の方法も、もとはこの方法から派生したもの。
本来の「金つくろいの技」、きっちりとおさえておきましょう。

細かく割れた欠けらをつなぎ、金を蒔いて仕上げた菓子器。

1

割れた細かい破片同士を麦漆（右頁）でくっつけて大きな破片にし、最後に本体に接着します。そのままムロ（漆風呂／74頁）に入れ、2週間以上置いて乾かします。

2

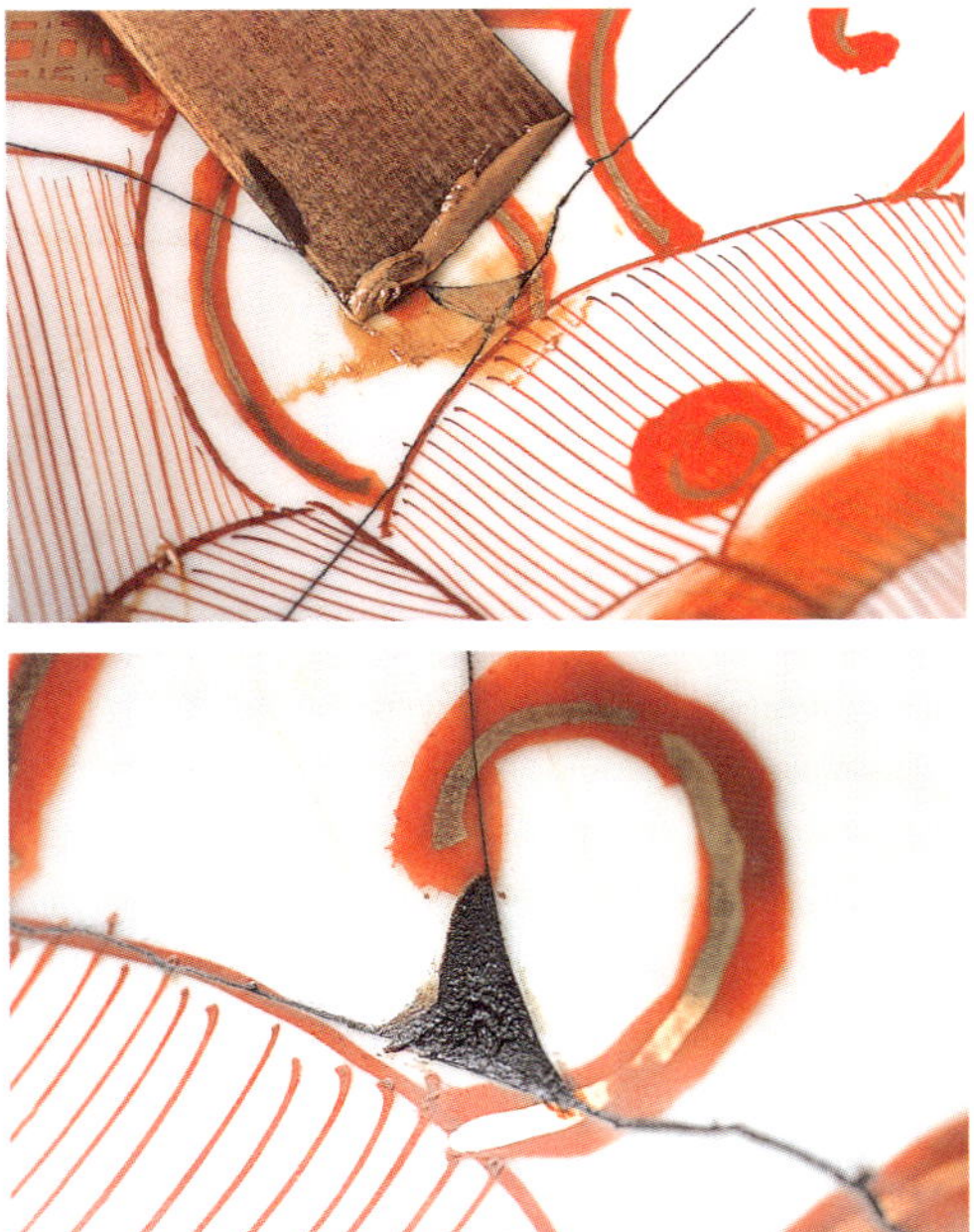

漆は乾かしている途中で「やせる」（目減りする）ので、不足した部分には麦漆を盛り込み、表面が均一になるよう注意して乾かします。

3

耐水ペーパー（1500番）で接着面をやわらかく磨いていきます。

4

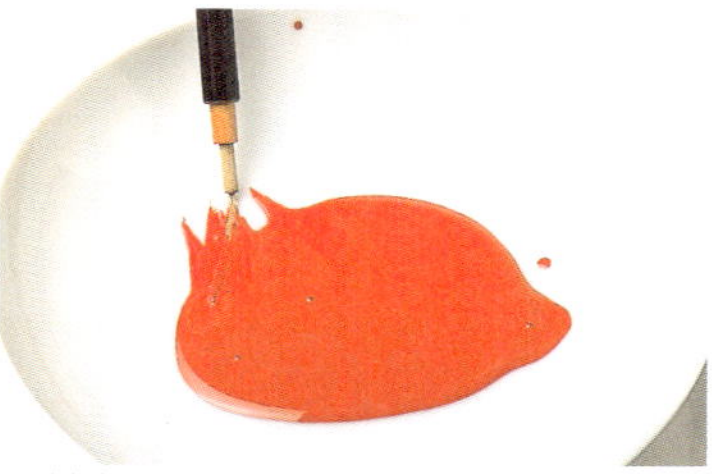

木地呂《きじろ》漆に朱の顔料を混ぜ、漉《こ》し紙で漉します。

5

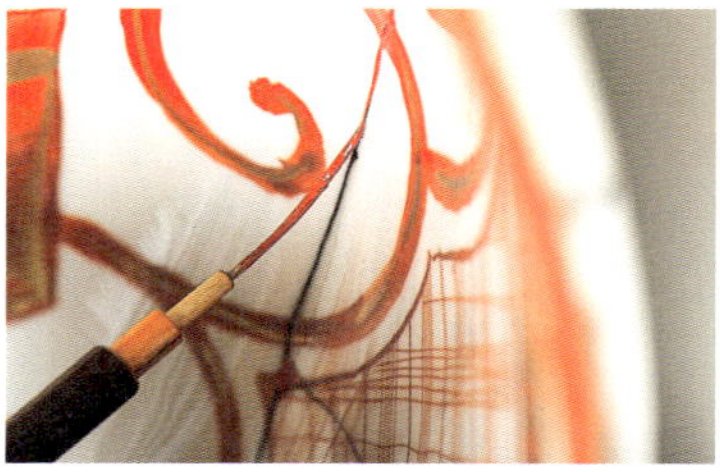

蒔絵筆に朱漆を取って、内側から外側へと順番に継ぎ目をなぞっていきます。

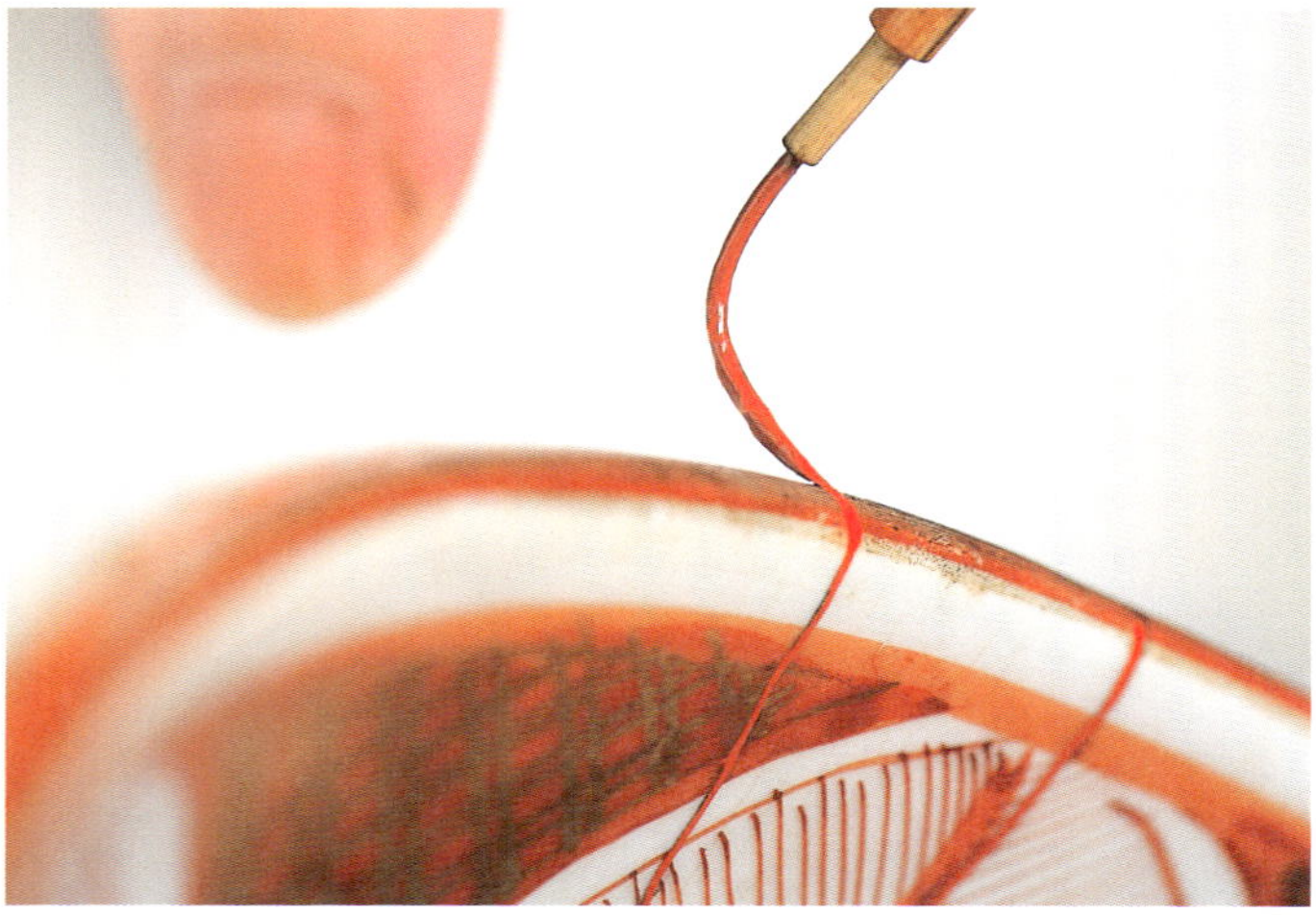

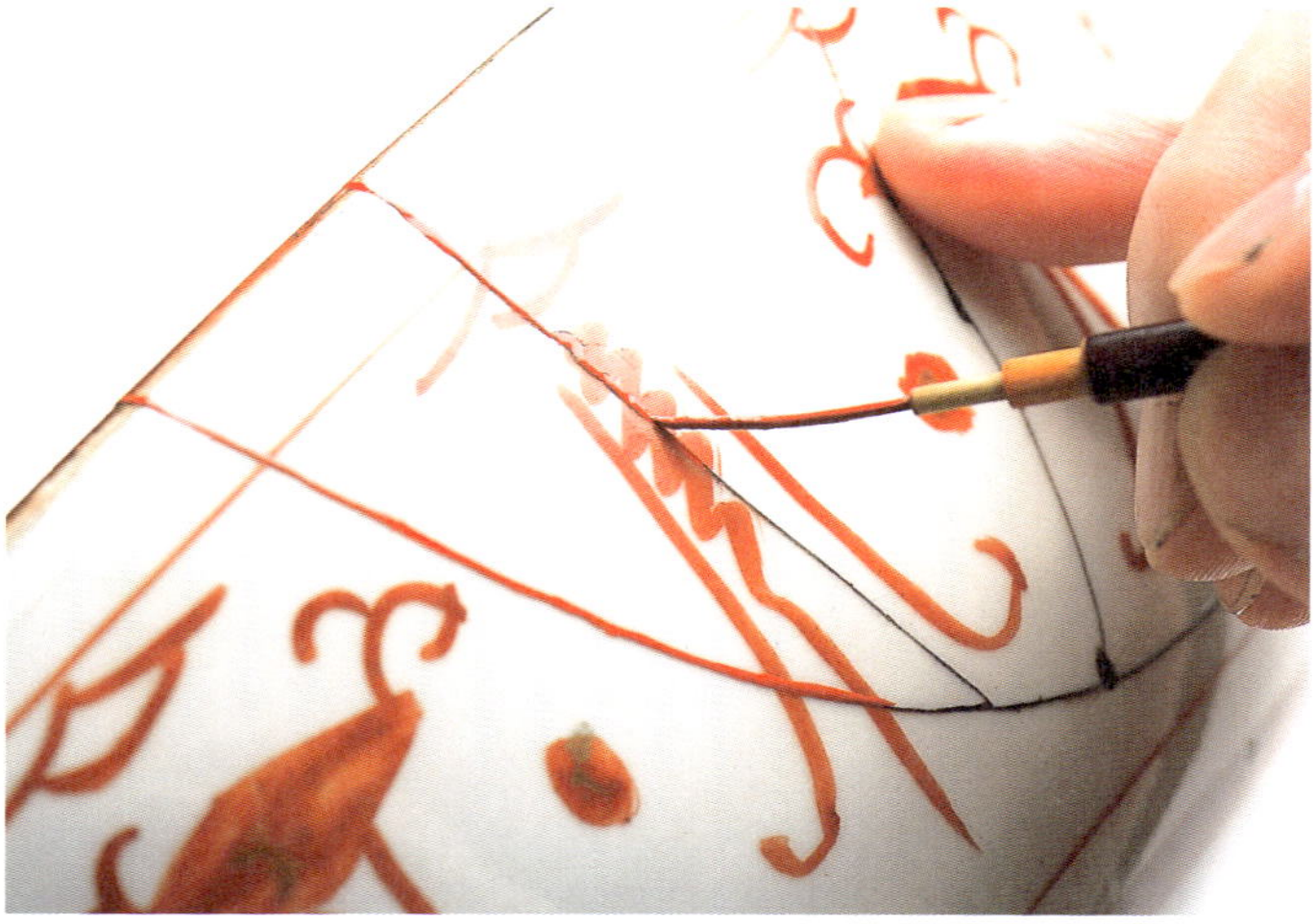

7

30分から1時間置いたら、純金平極の金を真綿に取って、朱漆の上に蒔きます。

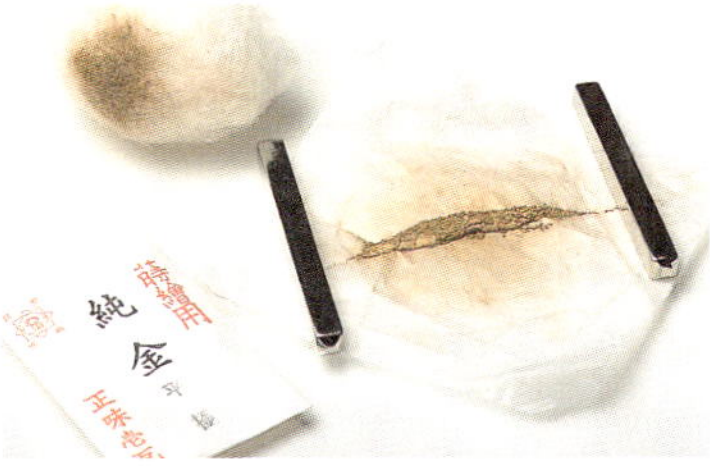

6

描き終わったところに手が触れない手順で、端から一本一本、慎重にゆっくりと、何度もなぞらないようにします。失敗したら、すぐアルコールで拭き取ります。

8

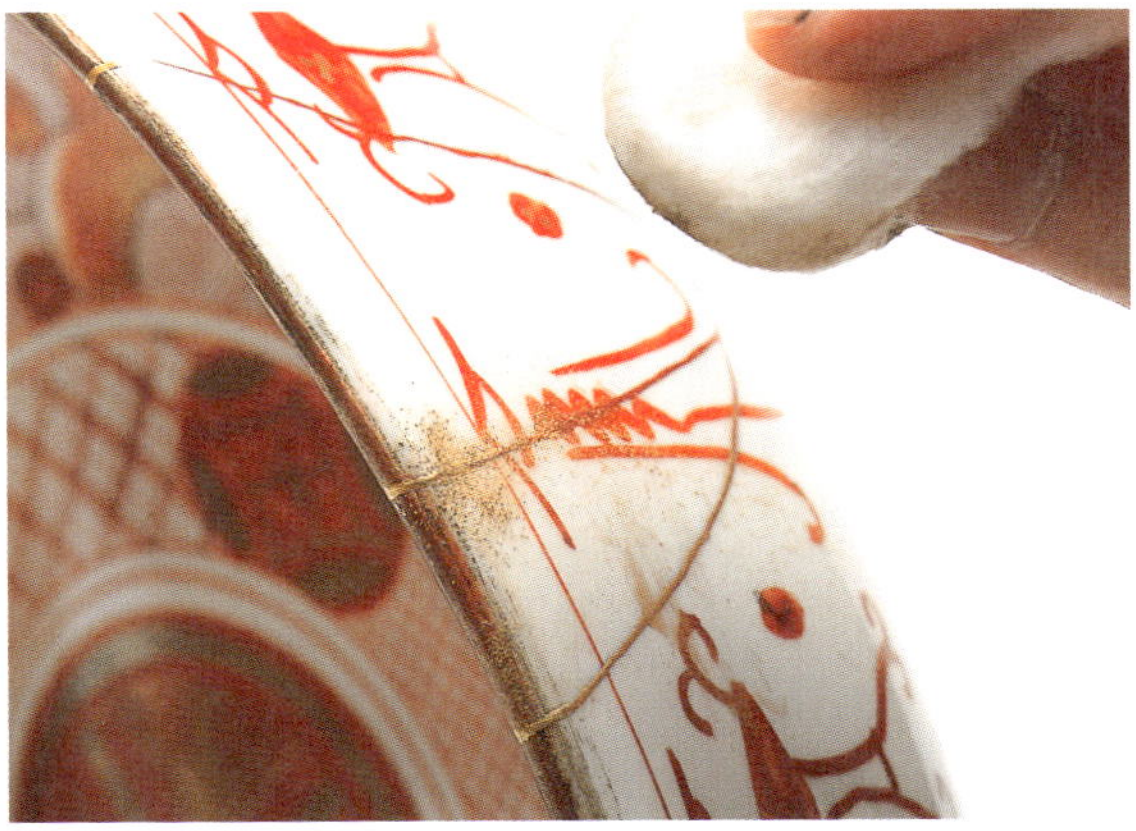

朱漆を置いた順に金を蒔いていきます。

9

蒔き終わったら、すぐに真綿でこすって光らせます。

10

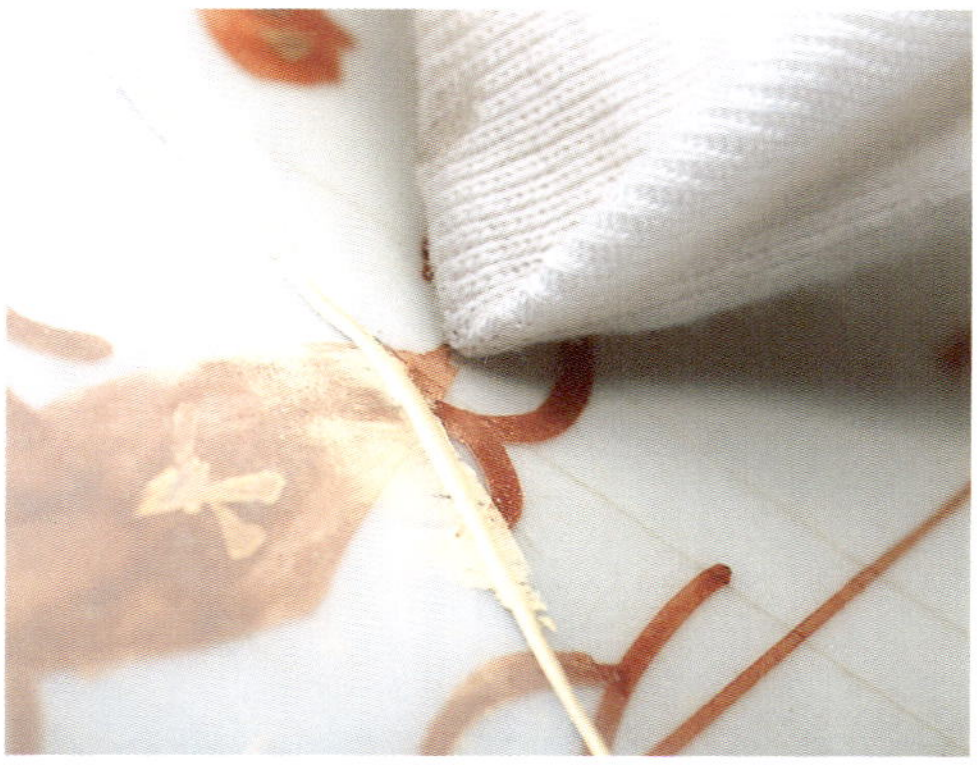

少し時間を置いて金をなじませてから、手の跡や細部のはみ出しを、アルコールで拭き取って仕上げます。

本格金つくろい その2

「にゅう」をつくろう

ここでは青磁や白磁、染付などの磁器質のものにほどこす金つくろいを見ていきます。
陶磁器には細かいにゅう（8頁）が表面にたくさん入ることもありますので、全体のバランスをみて、時には金のほかに、陶器と同色の漆をほどこすこともあります。

補修前。細かいひび割れ（にゅう）が表面にたくさん入っています。

1

生漆《きうるし》を少量、小皿に取ります。

2

リグロイン（52頁）を加え、蒸発しないうちに手早く混ぜます。

3

内側の割れ目によくしみこませ、余分はベンジンで拭き取ります。

4

外側も同様に生漆をよくしみこませ、はみ出たところはアルコールで拭き取ります。

5

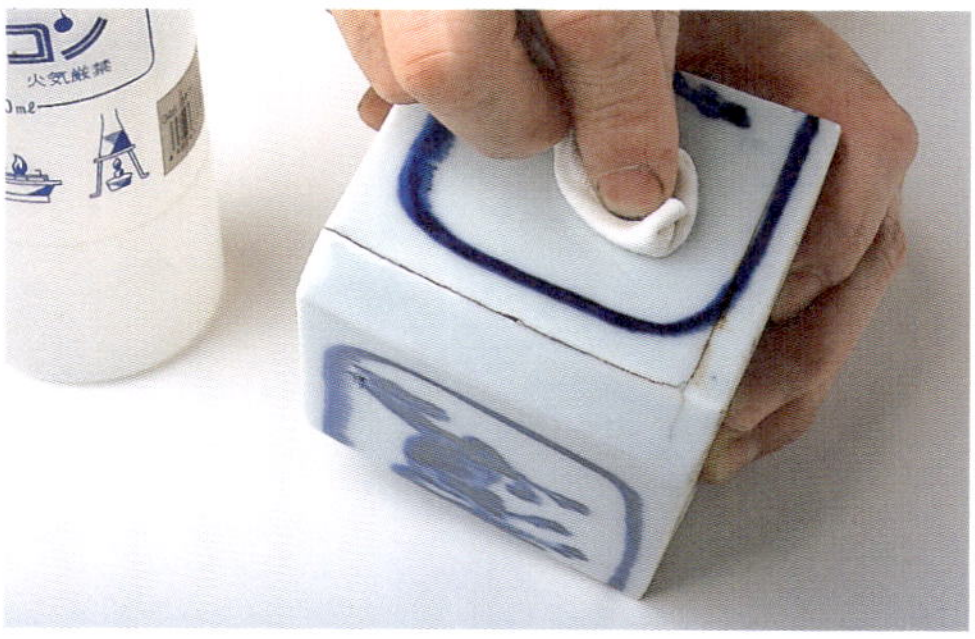

しばらく置くと、器についた指紋や漆が浮き出てくるので、アルコールで拭き取ります。

Next

このあと、ムロ(漆風呂／74頁)に入れて２週間以上置き、十分に乾かします。
この間、割れ目に再度麦漆《むぎうるし》(54頁)を補てんしておきます。
さらに1週間程度ムロに置き、完全に乾かします。

6

耐水ペーパー(2000番)で表面を磨きます。

7

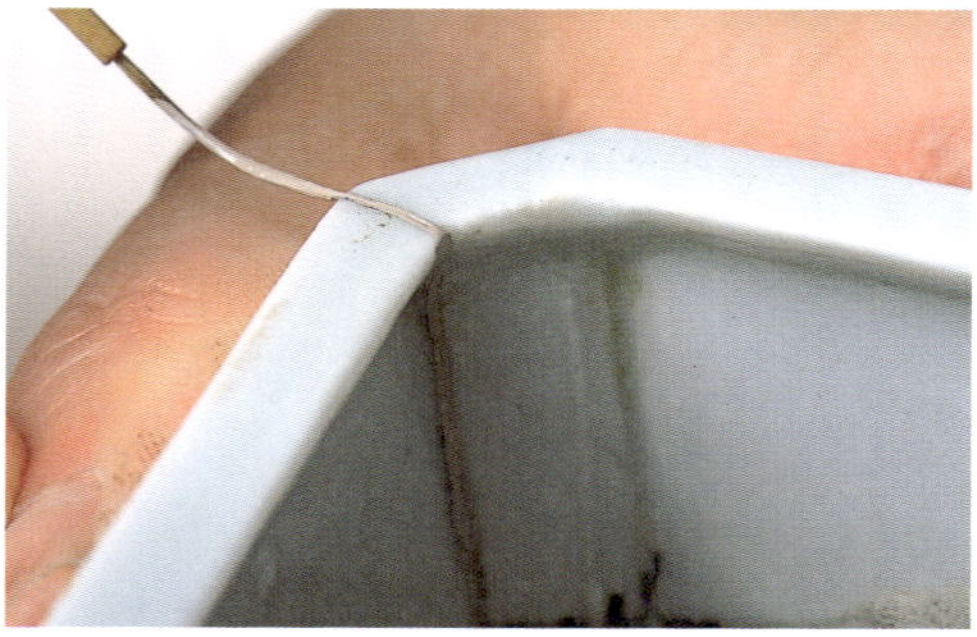

漆(白色)を蒔絵筆に取り、割れ目の上を内側から外側へと順になぞります。

8

細かなにゅうも同様に、細くなぞっていきます。

9

真綿に金粉を取って、白漆の上に蒔きます。

10

漆が乾いたら、周りの汚れをアルコールで拭き取ります。

本格金つくろい その3

漆器の修繕

傷んで漆がはがれたり、亀裂の入った漆器の修繕にも麦漆《むぎうるし》（54頁）を用います。器物の制作方法・材料に合わせ、使用する漆や装飾方法を変えたりするほか、損傷部分の蒔絵や塗りが欠損している場合は、つなぎを自然に仕上げることが肝要ですので、高度な技術が必要になります。

底面が破損した蒔絵茶器。蒔絵とは、漆で模様を描き、その上に金銀粉や色粉を蒔きつけて文様を表したものです。

1

麦漆（54頁）をつくります。

2

はがれた部分の本体と欠けらに麦漆を塗ります。

3

隙間の出ないよう貼り合わせます。

4

麦漆をリグロイン(52頁)でやわらかくのばして、へらを使って隙間を埋めていきます。

5

しっかり押さえて、はみ出た部分を、アルコールをつけた布で拭き取ります。

6

生漆《きうるし》を少量のリグロインで薄めて、さらに隙間にしみこませます。

7

はみ出た部分をアルコールで拭き取ります。

8

研磨用砥石(1500番以上の細かいもの)で接着面の段差を研いでなめらかにします。

Next このあと、ムロ(漆風呂／74頁)に入れて2週間以上置き、十分に乾かします。

9

地の黒色の部分を黒漆でなぞります。

Next

このあと、ムロ(漆風呂／74頁)で
1週間ほど置いて乾かします。

10

金蒔絵の割れ目部分を木地呂《きじろ》漆でなぞります。

11

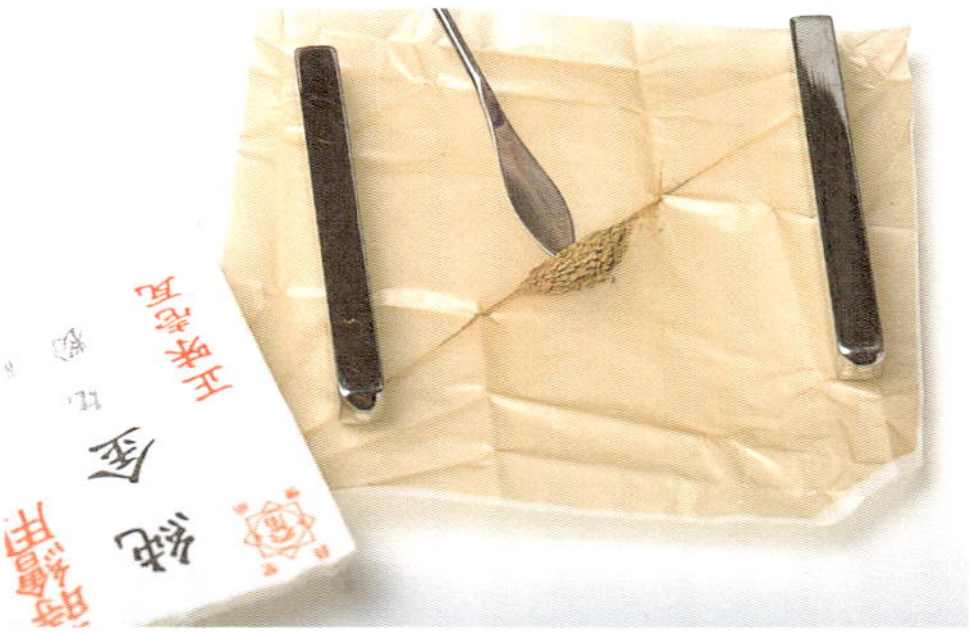

蒔絵用の純金丸粉・平極を用います。

12

漆が乾かないうちに、すみやかに金粉を蒔きます。

13

蒔き終わったらすぐに真綿で磨いて光らせます。

14

つくろい終えた蒔絵茶器。

本漆を使ったさまざまな修繕 1

継ぎ跡が目立たないように楽茶碗をつくろう

楽茶碗などはよく、継ぎ目が分からないよう、器と同色の漆でつくろいがなされます。（その器の破片と同質・同型のものを用いてつくろうことを「共《とも》づくろい」といいます）割れ目を極力目立たなくさせる、金継ぎとはひと味ちがった修繕法です。

補修前の楽茶碗。どんな小さな欠けらも、できるだけ取っておくと良いでしょう。

1

まずは接着する前に、ブラシで断面の汚れをよく落としておくこと。そして破片を当て置いて、位置関係を十分に確かめておきます。

2

麦漆《むぎうるし》（54頁）を、欠けらの断面にまんべんなく塗り、欠けら同士をくっつけていきます。

Point

麦漆は、少しはみ出るくらい多めに塗るのがコツです。

3

破片同士を手早く合わせます。

4

本体の断面にも麦漆を乗せます。

5

くっつけて一つにした欠けらを、ずれないよう留意しつつ本体に接着します。

6

器の外側・内側ともに、はみ出た余分な麦漆をへらで取り除きます。

Next

このあと、ムロ(漆風呂／74頁)に入れて
2週間以上置き、十分に硬化させます。
漆は途中で「やせる」(目減りする)ので、
不足した部分には麦漆を盛り込み、
表面が均一になるよう注意しつつ、
さらに1週間から10日ほど置いて硬化させます。

7

布巾にアルコールをしみこませ、拭き取ります。

8

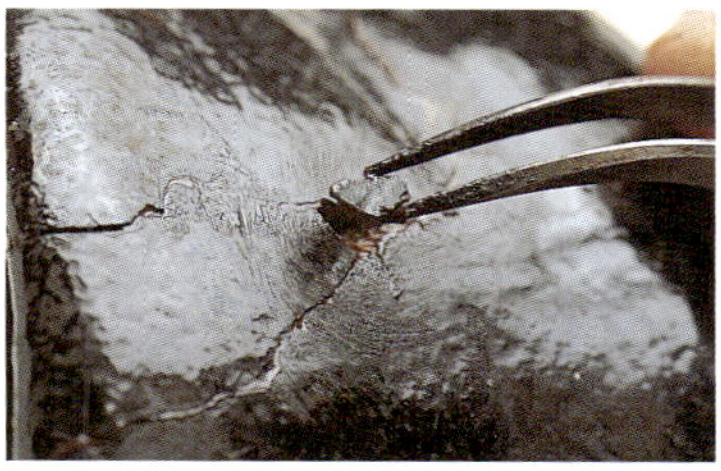

もっとも細かな欠けらを、ピンセットなどを用いて埋めていきます。

9

上からへらで押さえます。

10

もう一度アルコールで拭きます。この時点で、継ぎ目に段差がないか確認しておきます。

11

ムロから取り出し、完全に硬化した状態。

12

継ぎ目の表面を、耐水ペーパー(2000番)を用いて、器に傷をつけないようやわらかく研ぎます。

13

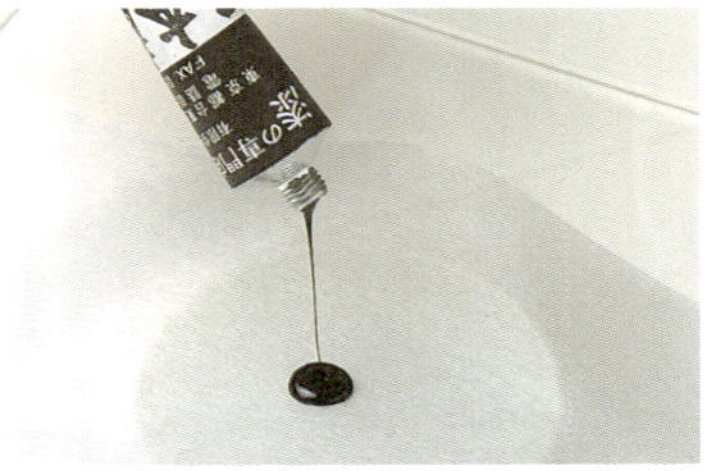

黒漆を漉《こ》し紙に取り、漉します。

14

蒔絵筆に黒漆を取り、継ぎ目の上を、一本ずつ内から外へていねいになぞっていきます。

15

すべての継ぎ目に漆を置いたら、ふたたびムロに入れて2週間程度置き硬化させ、完成です。一目ではつくろったと分からない仕上がりです。

本漆を使ったさまざまな修繕 2

金物をつくろう

この建水は、鉄鉢形の古銅の底が摩滅し、底割れが生じたもの。
実はこのような金物の補修にも漆は使われます。
多岐にわたって応用できる、
本漆を使った意外な修繕法の一例を紹介します。

補修前の建水。かつてなされた補修部分が、経年ののちはがれてきたものです。底割れが露出し、水が漏るような状態です。

1

かつての補修部分(和紙の上に色漆が乗っていた)を取り除きます。

2

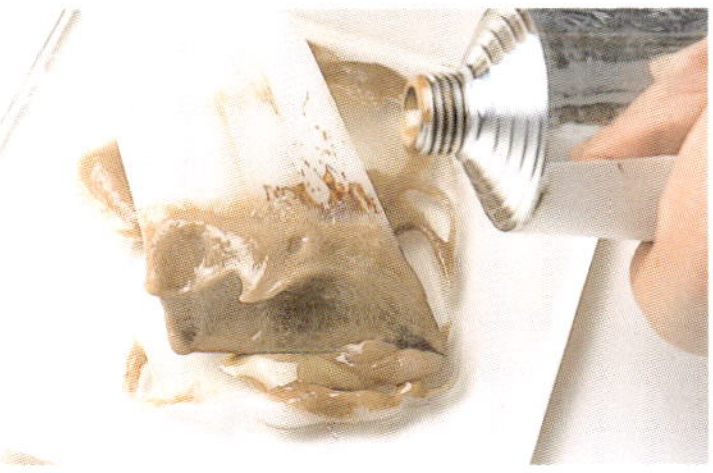

糊(上新粉に水を加えてつくったもの)に、生漆《きうるし》を徐々に加えて練り合わせます。

3

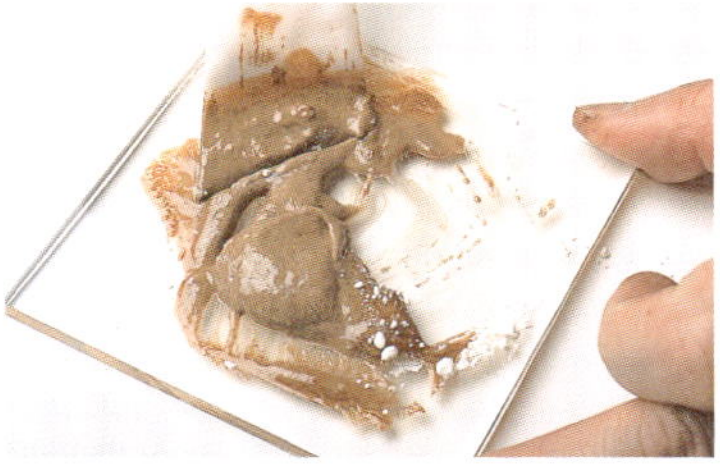

さらに小麦粉を加えて、粘りが出るまで十分に練り合わせます。こうして出来た漆を「糊漆《のりうるし》」といいます。

4

建水の底一面に先の糊漆を塗っていきます。

5

建水の底の大きさに合わせて丸く切った麻布を用意し、表裏の両面に糊漆を塗ります。

6

建水の底に麻布を貼って、へらでよくならします(この間、漆の色は次第に黒く変色していきます)。

7

はみ出た漆は、アルコールで拭き取ります。

8

底割れの部分からにじみ出た漆。

9

そのまましばらくなじませていきます。

Next

このあと、ムロ（漆風呂／74頁）に入れて
2週間以上置き十分に硬化させたら、
もう一枚同じ方法で麻布を貼ります。
そして再度同様に硬化させたら、
下地（砥《と》の粉《こ》・生漆・小麦粉を練ったもの）を
へらで塗ってまた硬化させます。

10

研磨用砥石（600番）と耐水ペーパー（800番）とを併用して、水をつけながら研いで、表面をなめらかにします。

11

黒漆を漉《こ》し紙で漉します。

12

刷毛に取って、塗り具合を試してみます。

13

黒漆を塗ります。

Next

ここでまたしばらくムロに入れ、硬化させます。

14

研磨用砥石(800番)と耐水ペーパー(1200番)を使って研ぎます。

15

水気をよく拭き取っておきます。

16

色漆を調合して、建水の地色に近い色にします(ただし、漆は次第に濃く変色することを考慮に入れること)。

17

まず立ち上がり部分に塗って、はみ出たところは拭き取ります。

18

底一面に塗ります。

19

際に漆が溜まらないように、細い刷毛でのばします。

20

むらなくきれいにならし、このあとムロに入れ2週間以上置きます。十分硬化させたあと、先と同様にもう一度塗り、さらに同程度乾かして完成です。

漆風呂「ムロ」について

ムロとは漆を硬化させると同時に、
塵を防ぐための専用の漆風呂のことです。
漆は、成分の中に含まれる
酵素の活動によって硬化するので、酵素を活性化させるのに
もっとも適当な温度・湿度を確保するため、
ムロが必要になるのです。
なお、プロが用いる本格式のムロは、
古来より保温・調湿効果の高い杉製の戸棚。
漆の硬化にちょうど良い環境は、
温度15℃〜25℃、湿度は60%〜75%程度で、
ちょうど梅雨どきの気候条件に当てはまります。

手作りのムロ

プロの設備を用意するのは素人には難しいので、簡単な手作りムロの作り方を紹介します。

まず、手頃な大きさの厚手の段ボールを用意します。中のゴミをよく除き、霧吹きでまんべんなく水をゆきわたらせ、十分に湿らせます。基本的にはこれで準備OK。器を並べてすみやかに蓋をし、そのまま湿気の確保に留意しつつ保ちます。

冬期は暖かい部屋で加湿しながら使用すること。暖房の直接当たるところには置かないようにします。梅雨時はムロなしでも大丈夫な場合が多いです。ただしほこりはかからないように、風も通さないところに置いた方がよいでしょう。

ムロに入れておく時間は、2週間以上が目安です。

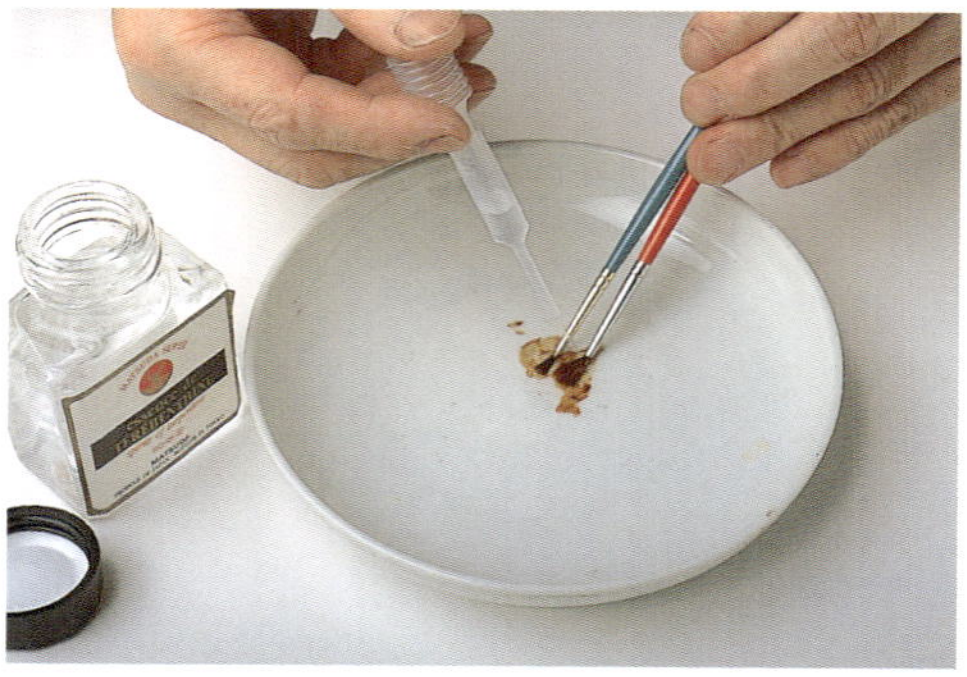

刷毛や筆の管理

漆を扱った刷毛や筆も、放置しておくと固まってしまいます。かならずガムテレピンで洗い、サラダ油を含ませて、余分な油を切っておきましょう。

さくいん

漆・金・道具や技法などに関する用語をまとめました。道具の調達時など該当頁の解説をお役立て下さい。

色漆　いろうるし　49

漆薄め液　うるしうすめえき　10

漆かぶれ　うるしかぶれ　53

漆風呂　うるしぶろ　74

欠け　かけ　8、22、32

窯きず　かまきず　9、24

顔料　がんりょう　53

生漆　きうるし　52

木地呂漆　きじろうるし　53

金箔　きんぱく　10、42〜48

消粉　けしふん　10、40

純金平極　じゅんきんひらごく　53

純金丸粉　じゅんきんまるふん　10

新うるし　しんうるし　10

真ちゅう　しんちゅう　27

真ちゅう粉　しんちゅうこ　10

真塗り　しんぬり　45

鯛の牙　たいのきば　11

たんぽ　11

砥の粉　とのこ　10

共づくろい　ともづくろい　65

にゅう　8、30

糊漆　のりうるし　69

ほつれ　8、28

蒔絵　まきえ　62

麦漆　むぎうるし　54

ムロ　むろ　74

めのう　11

呂色漆　ろいろうるし　53

割れ　われ　8、12、16、36

主な材料・道具の参考価格一覧

	参考価格（税抜）	分量（個数）	
★漆関係			
新うるし（各色）	300円～	10g	
漆薄め液	400円	50cc	
生漆	1600円～	100g	（中国産）
木地呂漆	2500円～	100g	（中国産）
呂色漆	2500円～	100g	（中国産）
顔料（各色）	800円～	30g	
下地材（麻布）	2000円～	1m	
★接着剤			
エポキシパテ（速乾性・金属用）	800円	60g	
接着パテ（極遅乾性）	800円	100g	
★金・金箔・金属			
金箔（切り廻し）・消粉★			
純金平極★			
純金丸粉★			
真ちゅう粉（金粉として販売されている場合も）	500円～	1ヶ（小瓶）	
★道具類			
耐水ペーパー	100円～	1枚	
鯛の牙	約3000円	1本	
めのう	約200円	1個	
砥の粉	400円～	400g	
マスキングテープ	100円～	1個	
研磨用砥石	400円～	1個	
ガムテレピン	約1000円	250ml	
リグロイン	約800円～	500ml	
ベンジン	約500円～	500ml	

★金の価格は変動制ですので詳細は販売店にお問い合わせください。
★基本的な材料・道具を一つにパッキングした「金継ぎセット」も市販されています（5000円～）。
詳しくは東急ハンズもしくはお近くの大手ホームセンターまでご確認ください。
★これらはあくまで参考価格（2010年12月現在）ですので、ご購入の際はあらかじめよくご確認ください。

主な材料取扱店（問い合わせ先）一覧

★金繕いセット一式（新うるし）ならびに材料・道具・教室等のお問い合わせ

工芸いま
〒104-0061　東京都中央区銀座7-17-5
TEL：03-3542-5707

★ふぐ印　新うるし

櫻井釣漁具株式会社
〒101-0044　東京都千代田区鍛冶町1-8-1
TEL：03-3252-0711
http://www.sakura-rod.co.jp

★接着剤

セメダイン株式会社
〒141-8620　東京都品川区東五反田4-5-9
TEL：03-3442-1331
http://www.cemedine.co.jp/index.html

★漆・漆芸材料

株式会社播与漆行
〒110-0016　東京都台東区台東 2-24-10　STビル２F
TEL：03-3834-1521
http://www.urushi.co.jp

有限会社 渡邉商店
〒110-0005　東京都台東区上野6-5-8
TEL：03-3831-3706
http://www1.odn.ne.jp/j-lacquer/home_jpn.html

★金銀箔粉・蒔絵材料

株式会社浅野商店
〒104-0061　東京都中央区銀座8-8-5　銀座コラムビル1F
金座GINZA（店舗名）
TEL：03-3573-1001
http://www.goldsilver.co.jp/index.html

かなざわカタニ
〒920-0902　石川県金沢市下新町6-33
TEL：076-231-1566
http://www.k-katani.com

堀金箔粉株式会社
〒604-8095　京都市中京区御池通御幸町東入
TEL：075-231-5357
http://www.horikin.co.jp

★その他道具類

東急ハンズ渋谷店
〒150-0042 東京都渋谷区宇田川町12-18
TEL：03-5489-5111
http://shibuya.tokyu-hands.co.jp/

世界堂（本店）
〒160-0022　東京都新宿区新宿3-1-1
TEL：03-5379-1111
http://www.sekaido.co.jp

パート2の指導者

野上忠男（のがみただお）

1943年、東京生まれ。塗師の家に生まれて、故黒田辰秋・増村益城の影響を受け、伝統工芸の道を歩む。乾漆を専門に、日本伝統漆芸展・伝統工芸新作展・淡交ビエンナーレ茶道美術公募展など、入選多数。渋谷区笹塚の工房で漆芸・繕い教室を開催。漆器・茶道具の制作、漆を使った修復のほか、教室では漆芸の技術全般に加えて鎌倉彫の指導などを行っている。日本文化財漆協会常任理事。テレビドラマ『拝啓、父上様』にて金つくろいの技術指導を担当。

http://www.k5.dion.ne.jp/~ur1n

撮影協力助手　新島庸子

〒151-0073 東京都渋谷区笹塚2-4-1
パールハイツ笹塚602
TEL:03-3374-2148

パート1の指導者

大野雅司（おおのまさし）

1942年、東京生まれ。80年より、日本橋茅場町のてんぷら料理店「みかわ」の番頭をつとめる。故浅野陽氏をはじめとする多くの工芸作家との交流からヒントを得て、店で使っているもてなしの器を独学で修理しながら、材料と技術の試行錯誤のうえに、やさしい金つくろいの手法を新たに考え出した。93年から、銀座のギャラリー「工芸いま」で金つくろい教室の講師をつとめる。

〒135-0032 東京都江東区福住2-4-14
クレス・パリオ703
TEL:03-3641-8990

★撮影協力
工芸いま、伊郷宗喜、伊郷宗恵

★料理協力
てんぷら みかわ 茅場町店
〒103-0025 東京都中央区日本橋茅場町3-4-7 TEL:03-3664-9843

ブックデザイン　縄田智子　L'espace
撮影　与古田松市

★本書は平成13年刊『やさしい金つくろい入門』の新装改訂版です

かんたん金つくろいブック

こわれた器を手軽に直す方法、おしえます。

2011年2月13日　初版発行
2012年10月1日　再版発行

指導　大野雅司・野上忠男
発行者　納屋嘉人
発行所　株式会社　淡交社
本社　京都市北区堀川通鞍馬口上ル　〒603-8588
電話　（営業）075（432）5151
（編集）075（432）5161
支社　東京都新宿区市谷柳町39-1　〒162-0061
電話　（営業）03（5269）7941
（編集）03（5269）1691
http://www.tankosha.co.jp
印刷　大日本印刷株式会社
製本　（株）DNP書籍ファクトリー

ISBN978-4-473-03694-0

淡交社刊 暮らしを彩る実用書のご紹介

ふろしきの包みかた

楽しくはじめるエコラッピング

著／森田知都子

B5判変型 96頁
ISBN 978-4-473-03538-7
定価 1,470円（税込）

すぐ使えるふろしきエコバッグや、人にも環境にもやさしいギフトラッピング、簡単なインテリアへのとりいれ方などをわかりやすく説明。改まったご挨拶に役立つ伝統的な包み方と基礎知識も紹介します。一部英訳付。

ほーむめいど茶懐石でおもてなし

著／藤野幸子

B5判 112頁
ISBN 978-4-473-03600-1
定価 1,995円（税込）

茶懐石でおもてなしをしたい人のために、季節別・応用の料理例を集めたレシピ本。おもてなし料理としての「和食の王道」である茶懐石がこの一冊でわかります！

きものまるわかりBOOK

準備、手入れとしまい方、TPOまで

監修／泉二弘明

AB判 72頁
ISBN 978-4-473-03429-8
本体 1,365円（税込）

これからきものを買って自分で着てみよう、という人に向け、準備の詳細からお手入れ・管理までをまるごとビジュアル解説。最初から知っておいてよかった！　と思えるノウハウを伝授します。

あんこのおやつカレンダー

あずきあんこでできる洋風レシピ30

著／坂田阿希子

B5判 64頁
ISBN 978-4-473-03414-4
定価 1,365円（税込）

「あずきあんこ」を使ってできる洋風おやつを、バリエーション豊かに紹介した実用レシピ本。ラスクなどの手軽に作れるものからタルトなどのひと手間かけたものまで、ありそうでなかった新味おやつ30日分が勢揃い！

茶席に役立つ 袋物手づくりBOOK【型紙付き】

著／大澤和子
　　小林実千世

B5判 104頁
ISBN 978-4-473-03487-8
定価 1,995円（税込）

「数寄屋バック」「竹棒付き手さげ」など、誰でもかんたんにできる、便利で重宝な茶の袋物のつくり方を教えます。すべて50％縮小の型紙を収録しているので、製図の必要なく気軽にはじめられます。

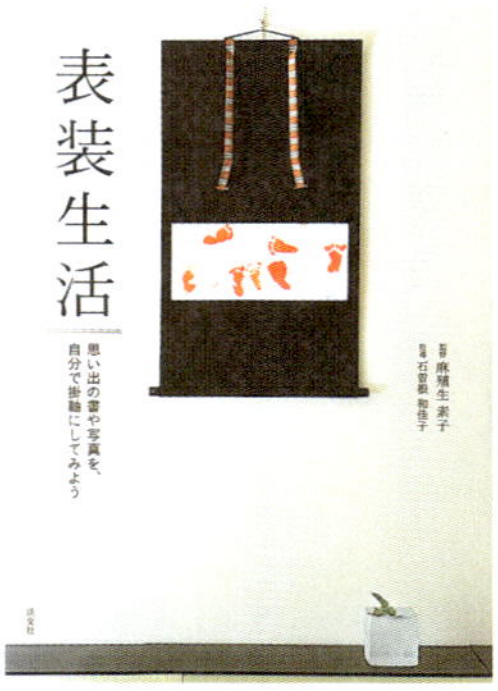

表装生活

思い出の書や写真を、自分で掛軸にしてみよう

監修／麻殖生素子
指導／石曽根和佳子

B5判 96頁
ISBN 978-4-473-03662-9
定価 1,890円（税込）

掛軸の簡単なつくり方を、豊富な写真でわかりやすく解説します。命名書、足形、写真……身近な素材を用いて、掛け軸を生活の中に取り入れてみませんか？